ALDIDENTE

TRENNKOST

Die Deutsche Bibliothek – CIP-Einheitsaufnahme

Enderlein, Anne:

Aldidente Trennkost / Anne Enderlein ; Cornelie Kister. -

Frankfurt am Main : Eichborn, 2002

ISBN 3-8218-3735-7

© Eichborn AG, Frankfurt am Main, Februar 2002

Umschlagillustration: Uschi Heusel

Lektorat: Oliver Thomas Domzalski

Redaktion: Sassa Valérie Kraft

Layout und Satz: die Basis, Wiesbaden

Druck und Bindung: WS Bookwell, Finnland

ISBN 3-8218-3735-7

Verlagsverzeichnis schickt gern:

Eichborn Verlag, Kaiserstr.66,

D – 60329 Frankfurt am Main

www.eichborn.de

ALDIDENTE TRENNKOST

Anne Enderlein und Cornelie Kister

EICHBORN.

> *Mir gefällt die Trennkost ausgesprochen gut.*
> *Ich habe eine viel reinere Haut, bessere Nägel,*
> *eine schönere Figur und fühle mich einfach wohl,*
> *und das ist ja wohl die Hauptsache.*
> *(Aus dem Internet-Chatroom der Trennkostfans)*

Inhalt

Dr. Hay – Der Vater der Trennkost   6

Trennkost leicht gemacht   8

Fit mit Trennkost   14

Trennkost light   15

Für die Speisekammer daheim   17

Was Sie noch wissen sollten   18

Rezepte   19

Frühstück, Abendbrot oder Zwischendurch   20

Vorspeisen   29

    Suppen   30

    Salate   43

Hauptmahlzeiten   54

    Gemüsespeisen   55

    Fleischgerichte   72

    Fischgerichte   81

    Nudelgerichte   88

    Reisgerichte   96

    Gebackenes   104

Süßspeisen   112

Register   122

DR. HAY –
DER VATER DER TRENNKOST

Der amerikanische Arzt Howard Hay (1866–1940) gelangte auf Grund der Beschäftigung mit seiner als unheilbar geltenden Nierenkrankheit in den 30er-Jahren zu neuen ernährungstheoretischen Erkenntnissen. Während eines Aufenthaltes im Himalaya passte er sich den Essgewohnheiten des Volkes der Hunzas an und stellte dabei eine unterschiedliche Verwertung von eiweißreicher und kohlenhydratreicher Nahrung im Körper fest. Er erkannte, dass die verschieden langen Verdauungsprozesse

zu Säurerückständen im Körper führen, die wiederum bei diesem Volk unbekannte Krankheiten auslösen. Die Verdauung von Eiweiß erfolgt in säurehaltigem Milieu, die von Kohlenhydraten dagegen in basischem. Da der menschliche Organismus zur Übersäuerung neigt, erachtete Hay es als notwendig, bewusst das basische Gleichgewicht herzustellen. Als Ergebnis seiner Beobachtungen hinterließ er ein Trennprinzip der Ernährung, um dem Körper die Verdauung zu erleichtern, und kurierte sogar sein eigenes Leiden. Die Trennkost erwies sich nicht nur als gesundheitsfördernd, sondern bewährte sich auch als Diät für Übergewichtige.

Seine Aufzeichnungen fielen 1939 dem deutschen Arzt Dr. Heinrich Ludwig Walb in die Hände, der die Vorzüge dieser Kost schnell erkannte und sie in leicht abgewandelter Form in seiner Homburger Klinik erfolgreich praktizierte. Von dort aus eroberte sie ganz Europa.

TRENNKOST LEICHT GEMACHT

Die Zubereitung von Trennkost beruht auf der Trennung von eiweißreichen und kohlenhydratreichen Lebensmitteln innerhalb einer Mahlzeit. Beide jedoch dürfen mit neutralen Lebensmitteln kombiniert werden. Zwischen den Mahlzeiten sollten jeweils drei bis vier Stunden liegen. Außerdem ist darauf zu achten, morgens vorrangig basenbildende Nahrungsmittel (Gemüse, Salate, Obst) zu essen, mittags eiweißreiche und abends kohlenhydratreiche Kost, jeweils wiederum zusammen mit reichlich Gemüse oder Salat.

Beim Würzen und Süßen der Speisen sollte man zurückhaltend sein, d. h. Salz, Pfeffer und Zucker sparsam verwenden, und Alkohol nur in Maßen konsumieren.

Ein Vorzug dieser Ernährungsweise: Alles ist erlaubt, d.h., es gibt in der Trennkost kaum Lebens- und vor allem Genussmittel, auf die man verzichten müsste. Unser Kochbuch soll Vorurteile gegenüber anstrengenden Trennplänen für diese Form der Ernährung abbauen und Lust machen auf eine gesunde und vitale Küche im

Alltag. Natürlich braucht es eine gewisse Zeit, sich mit den Nahrungsmitteln der jeweiligen Gruppen vertraut zu machen, bis man automatisch die Vielfalt der Kombinationen überschaut.

Ein weiterer Vorteil der Trennkost besteht schon allein darin, sich überhaupt bewusst mit der eigenen Ernährung auseinander zu setzen, Mahlzeiten zu planen und nicht gedankenlos, hastig oder beiläufig zu essen.

Für diejenigen, die mit Hilfe der Trennkost abnehmen wollen, sei zur Beruhigung vorwegge-nommen, dass nicht gehungert werden muss, sondern dass es sogar fünf Mahlzeiten am Tag geben wird. Nur die Einhaltung der Trennung muss berücksichtigt werden und die Gewichtung bestimmter Nahrungsmittel zur jeweiligen Tageszeit.

Eine übersichtliche Trenntabelle von ei-weißhaltigen, neutralen und kohlenhydrathalti-gen Lebensmitteln beschließt das Kapitel dieser Tipps und Tricks zur unkomplizierten Trennkost-ernährung.

Ich halte mich streng an die Regeln, allerdings habe
ich das alles so verinnerlicht, dass es mir gar nicht streng,
sondern ganz natürlich vorkommt.
(Aus dem Internet-Chatroom der Trennkostfans)

TRENNUNGSPLAN

Produkte der Eiweißgruppe:

Produktart	Beispiele
Alle Fleischsorten im gegarten Zustand	Schweinefleisch, Rindfleisch, Kalbfleisch, Lammfleisch etc.
Alle gegarten Wurstsorten	Brühwurst, Bratwurst, Wiener Würstchen, Leberkäse etc.
Alle gegarten Fische und Meeresfrüchte	gebratener oder gekochter Fisch, Krebsfleisch, Scampis, Muscheln
Eier	ganze Eier oder nur Eiweiß
Milch- und Käseprodukte	Milch aller Fettstufen, reifer Käse bis max. 50% Fett i. Tr. (Hartkäse), auch Weichkäse je nach Fettgehalt
Gemüse	gekochte Tomaten, gekochter Spinat

| Früchte |  | Alle frischen Beerenfrüchte (außer Heidel- beeren), säuerliche Äpfel, Kern- und Steinobst wie Birnen, Pflaumen, Pfirsiche, Kirschen, Aprikosen, Zitrusfrüchte, Kiwis, Ananas, Mangos, Papayas |

Getränke — Alle Fruchtsäfte, trockener Wein, Apfelwein, Früchtetee, Sekt

Produkte der Neutralen Gruppe:

Produktart	Beispiele
Fette	Tierische Fette wie Butter und Butterschmalz, pflanzliche Fette wie Margarine, Pflanzenöle, Eigelb, Mayonnaise
Sauermilchprodukte	Alle gesäuerten Milchprodukte wie Buttermilch, Sauermilch, Dickmilch, Kefir, Joghurt, saure Sahne, süße Sahne, Crème fraîche
Käse 	Alle Käsesorten wie Quark, Frischkäse, Schichtkäse, Topfen, Rahm- und Doppelrahm- frischkäse, Ricotta, Mascarpone, Mozzarella, Schafskäse und Käse (mind. 60% i. Tr.)

Produktart	Beispiele
Fleisch und Wurst	Alle rohen und roh geräucherten Fleisch- und Wurstwaren wie Salami, Cervelat, roher Schinken, Schinkenspeck, Bündnerfleisch
Fisch	Alle rohen und roh geräucherten Fischwaren wie Matjes, Bismarckhering, geräucherte Forelle, geräucherter Heilbutt, Räucherlachs, Schillerlocken
Samen und Nüsse	Alle Nüsse, Kerne und Samen wie Haselnüsse, Walnüsse, Paranüsse, Mandeln, Kokosnüsse, Mohn, Sonnenblumenkerne, Pinienkerne
Gemüse und Salate	Alle Gemüse und Salatsorten im rohen und gegarten Zustand (außer Kartoffeln, Grünkohl, gekochte Tomaten)
Pilze, Keimlinge, Sprossen	Alle Pilze, Keimlinge und Sprossen roh und gegart wie Sojasprossen, Linsensprossen, Kressesprossen, Radieschensprossen, Rettichsprossen
Kräuter und Gewürze	Alle frischen und getrockneten Kräuter, alle Gewürze und Würzzutaten

Früchte		Heidelbeeren, Oliven, ungeschwefelte Rosinen
Getränke		Wasser, Kräutertee, hochprozentige Spirituosen

Produkte der Kohlenhydratgruppe:

Produktart	Beispiele
Getreide und Getreideerzeugnisse 	Alle Getreidesorten wie Weizen, Roggen, Dinkel, Hirse, Reis, Buchweizen, Vollkornmehle, Brot, Brötchen, Kuchen und Gebäck aus Mehl, Nudeln, Gries, Stärkemehle (Weizenstärke, Maisstärke, Kartoffelstärke, Reisstärke)
Gemüse	Kartoffeln, Grünkohl, Schwarzwurzeln
Früchte	Bananen, frische Datteln, süße, mürbe Äpfel, frische Feigen, alle Trockenfrüchte (außer Rosinen)
Süßungsmittel	Rohrzucker, Zuckerrübensirup, Apfelkraut ohne Zuckerzusatz, Apfel- und Birnendicksaft, Frutilose, Honig, Ahornsirup
Getränke 	Bier
Sonstiges	Backpulver, Puddingpulver

> *Seit ich Trennkost betreibe, fühle ich mich wie neugeboren.*
> *Stundenlanges Surfen, Mountain-Biken oder Joggen – alles kein*
> *Problem mehr: Mit der Trennkost habe ich zig Kilo abgenommen.*
> *(Aus dem Internet-Chatroom der Trennkostfans)*

FIT MIT TRENNKOST

Das Prinzip der Trennkost, einen weitaus größeren Anteil an Basenbildnern, also rohes Gemüse, Obst, Salate, Milch und Joghurt, zu sich zu nehmen und weit weniger Säurebildner wie Fleisch, Kartoffeln, Brot, Fisch, Käse und vor allem stark bearbeitete Lebensmittel, unterstützt das gesunde Funktionieren des menschlichen Organismus. Der Anteil an Vitaminen und Nährstoffen in den Basenbildnern ist besonders hoch, wenn diese unbehandelt, also vollwertig belassen werden. Der menschliche Stoffwechsel vollzieht sich nachweislich einfacher und damit auch gesünder, wenn die über den Tag verteilten Mahlzeiten jeweils auf Lebensmittel der Eiweißgruppe oder der Kohlenhydratgruppe beschränkt bleiben, der Verdauungskampf also nicht zugunsten der einen oder der anderen ausgetragen werden muss. Es wird empfohlen, morgens eine neutrale, mittags eine eiweißreiche und frühestens nach drei Stunden eine kohlenhydratreiche Mahlzeit zu sich zu nehmen.

Die Folge dieser Trennung ist vor allem körperliches Wohlbefinden und Energie nach den Mahlzeiten, keine Müdigkeit aufgrund quälender Verdauungsprozesse und langfristig eine erfreuliche Gewichtsabnahme durch Entschlackung, d.h. Reinigung des Organismus und vor allem der Verdauungsorgane.

Wer sich mit Trennkost ernährt, isst und lebt gesünder, wird schlanker und ist leistungsfähiger und voller Energie.

Mittlerweile habe ich gelernt, dass jeder Autor einen Totalitätsanspruch erhebt, also jeder denkt, dass nur er allein die totale Wahrheit verkündet. Darum lese ich neugierig alle Nachrichten und picke mir das raus, was meinen Lebensgewohnheiten entspricht.
(Aus dem Internet-Chatroom der Trennkostfans)

TRENNKOST LIGHT

Es gibt zahlreiche Anhänger der Trennkost, die einen sehr strengen Umgang mit dieser Ernährungsform pflegen. Sie achten genau auf die Trennung von eiweiß- und kohlenhydratreichen Lebensmitteln, halten einen exakten Mahlzeitenplan gemäß dem körperlichen Tagesrhythmus ein, lassen Basenbildner in den Mahlzeiten (Gemüse, Salate, Obst) mit einem Anteil von 2/3 neben 1/3 Säurebildnern (Fleisch- und Getreideprodukte) überwiegen und ernähren sich gewissenhaft nach dem Vollwertprinzip.

Im Laufe von 70 Jahren erfolgreich praktizierter Trennkost stieß diese aber auch im Zuge neuer Erkenntnisse über Ernährungsfragen und über den menschlichen Organismus auf Kritik und erfuhr in der Folge Abwandlungen. Besonders die ungewohnte Übergewichtung von rohem Gemüse und Obst auf dem täglichen Speiseplan gilt heute als überholt. Erwiesen ist der hohe Nährstoff- und Vitamingehalt von Getreideprodukten, die damit für den Menschen unverzichtbar sind und somit weitaus reichlicher konsumiert werden sollten, als die traditionelle

Trennküche empfiehlt. Auch die Kombination von Milch und Eiern mit Kartoffeln und Getreide wird von Ernährungswissenschaftlern entgegen klassischen Trennprinzipien angeraten, um die hohe biologische Wertigkeit des Eiweißes auszunutzen.

Es empfiehlt sich also, eine gemäßigte, aber dennoch ausgewogene Form der Trennkost zu entwickeln, die sich im Alltag leichter realisieren lässt und auf Interesse bei den Menschen stoßen wird, die sich einen undogmatischen und unkomplizierten Umgang mit ihrer Ernährung wünschen.

Wir werden in diesem Buch Rezepte anbieten, in denen auch sparsam raffinierter Zucker erlaubt ist, und in denen Reis, Nudeln und Brot, die nicht aus Vollkorn bestehen, Verwendung finden. Lebensmittel für Trennkost sind also keineswegs nur im Reformladen zu erstehen, ganz im Gegenteil, auch der Aldi-Discounter mit seinen erfreulich preiswerten Produkten eignet sich hervorragend, um die Ernährungsweise auf Trennkost umzustellen.

Für die Speisekammer daheim

Für die Trennkostküche gehören frische Lebensmittel zur Grundausstattung. Sie sollten immer den Konserven vorgezogen werden, da wertvolle Nährstoffe und Vitamine in ihnen weitgehend verloren sind. Außerdem enthalten Fertigprodukte Zutaten wie Zucker, Konservierungsstoffe oder Geschmacksverstärker, die man bei eigener Zubereitung niemals verwenden würde. So gesehen müssen Sie für ihre Trennkost häufiger einkaufen gehen. Dennoch gibt es über die üblichen Grundnahrungsmittel hinaus einige Lebensmittel, die man in jedem Fall im Haus haben sollte, um die hier angebotene Vielfalt an Rezepten auch spontan kochen zu können.

Vorratskammer

Nudeln

Reis

Gemüsebrühe

Mehl

Kartoffeln

Nüsse (Haselnuss- und Walnusskerne, Mandeln)

Olivenöl

Pflanzenöl

Zitronen

Müsli oder Haferflocken

Knoblauch

Salz

Pfefferkörner

Gewürze: Majoran, Thymian, Muskatnuss (ganze)

Kühlschrank

Parmesan oder anderen Hartkäse (mind. 60% i. Tr.)

Joghurt, Sahne, Schmand

Butter oder Margarine

Eier

Was Sie noch wissen sollten

Auch wenn das Sortiment von Aldi umfangreich ist und die Grundnahrungsmittel im Großen und Ganzen abdeckt, bleiben doch wenige Lebensmittel, die – besonders für die Trennkost – in anderen Supermärkten, Reform- und Ökoläden oder auch auf Wochenmärkten besorgt werden müssen.

Das A und O einer schmackhaften Küche sind, wie jeder weiß, Gewürze und Kräuter. Was die getrockneten Gewürze wie Thymian, Rosmarin oder Majoran anbelangt, so sind sie weder bei Aldi Nord noch bei Aldi Süd zu bekommen. Je nach Saison sind frische Kräuter gelegentlich im Angebot, diese sollten den getrockneten immer vorgezogen werden. Mit einem Grundsortiment in Ihrem Gewürzschrank können Sie aber jederzeit unabhängig von wechselnden Aldi-Angeboten oder Wochenmärkten Ihre Gerichte schmackhaft und aromatisch zubereiten. Bei der Angabe von Gewürzen und Kräutern innerhalb der Zutaten werden wir nicht gesondert ausweisen, ob sie bei Aldi zu erstehen sind oder nicht. Gehen Sie grundsätzlich davon aus, dass Sie Ihren Gewürz-schrank aus anderen Sortimenten zusammenstellen müssen.

Ähnliches gilt für Obst und Gemüse. Aldi bietet eine breite Auswahl je nach Wachstumssaison an. So gibt es im Winter ein wechselndes Angebot an Kohlsorten, die Sie im Sommer aber vergeblich in der Gemüseabteilung dieses Supermarktes suchen, im Frühling durchaus einmal Frühlingszwiebeln und im Sommer selbstverständlich Erdbeeren und anderes Sommerobst. Sie können also bei Aldi nicht zu jeder Zeit mit jedem Gemüse oder jeder Obstsorte rechnen und müssten gegebenenfalls auf teure und weniger aromatische Früchte aus Übersee in gut sortierten Feinkostabteilungen zurückgreifen.

Es gibt bei Aldi "Aktionswochen", in denen Sie vielerlei Produkte bekommen können, die nicht zum festen Sortiment gehören. Gönnen Sie sich doch spontan mal einen anderen Speiseplan, in den Sie diese einbeziehen. Ihre Tageszeitung informiert Sie rechtzeitig auf der Aldi-Anzeigenseite über Aktionen.

Rezepte

Produkte, die absolut nicht Bestandteil des Aldi-Sortiments sind, haben wir in der Zutatenliste jeweils mit * gekennzeichnet.

Die Rezepte sind nach Mahlzeiten geordnet. Außerdem erscheint nach jedem Rezept ein Hinweis 🕐, zu welcher Tageszeit sie die Mahlzeit einnehmen sollten.

Hinter jedem Rezepttitel kennzeichnet ein Symbol neutrale ⊖, eiweißreiche 🥚 oder kohlenhydratreiche 🌾 Gerichte.

Hin und wieder geben wir am Ende von Rezepten Tipps zum Servieren. Bitte beachten Sie, dass durch Hinzufügen von Brot oder Getränken aus einem neutralen Gericht durchaus ein kohlenhydratreiches werden kann.

In der Trennkost sollte vorzugsweise mit Gemüsebrühe gewürzt werden und weniger mit Salz. Steht unter den Zutaten TL/EL Gemüsebrühe, so ist das Pulver gemeint, in Verbindung mit ml/l hingegen die zubereitete Brühe.

Zutaten aus der Tiefkühltruhe sollten rechtzeitig aufgetaut werden.

FRÜHSTÜCK, ABENDBROT ODER ZWISCHENDURCH

Tomaten mit Schafskäsefüllung ⊜

(4 Portionen)

Man braucht:

250 g Schafskäse (Feta)

100 g Schmand

100 g Naturjoghurt (3,5 % Fett)

1 Knoblauchzehe

1 TL Thymian

1 TL Petersilie

1/2 TL Dill

Salz, schwarzer Pfeffer a. d. Mühle

20 kleine Tomaten

1 l Olivenöl

So wird's gemacht:

1. Den Schafskäse, bzw. den Feta zerbröseln und zusammen mit Schmand und Joghurt mit dem Schneidstab zu einer cremigen Masse pürieren.

2. Den Knoblauch durch die Presse drücken und zusammen mit den gehackten Kräutern unter die Käsemasse rühren. Mit Salz und Pfeffer abschmecken.

3. Von den Tomaten das obere Drittel abschneiden und sie vorsichtig mit einem kleinen Löffel aushöhlen. Das Innere der Tomaten, sowie den abgeschnittenen Teil zur weiteren Verwendung aufheben.

4. Die Tomaten mit der Käsemasse füllen und sie für einige Tage in einem Einmachglas in Olivenöl einlegen.

Tipp:

Nicht nur für Zwischendurch sind die gefüllten Tomaten eine Köstlichkeit, sie eignen sich auch besonders für einen Brunch oder für festliche Party-Büffets.

Honigjoghurt mit Minze und gerösteten Nüssen 🌾

(4 Portionen)

Man braucht:

4 TL Pinienkerne* oder Mandeln

1 EL gehackte Minze

500 g Naturjoghurt (3,5 % Fett)

4 TL flüssiger Honig

So wird's gemacht:

1. Falls Mandeln verwendet werden, diese überbrühen, kurz einweichen lassen, aus ihrer Haut drücken und stiften.
2. Mandelstifte oder Pinienkerne ohne Fett in einer kleinen Pfanne rösten.
3. Währenddessen die Minzeblätter hacken.
4. Den Joghurt auf 4 Schalen verteilen. Je einen TL Honig über jede Portion tropfen lassen, die gerösteten Pinienkerne oder Mandelstifte und die Minze darüber streuen und gleich servieren.

Rettich-Möhren-Rohkost ⊜

(4 Portionen)

Man braucht:

1/2 Rettich

2 Möhren

2 EL Schnittlauchröllchen

100 g Naturjoghurt (3,5 % Fett)

1 EL Schmand

Salz, schwarzer Pfeffer a. d. Mühle

So wird's gemacht:

1. Rettich und Möhren putzen und grob raspeln.
2. Den Schnittlauch waschen, trocken schütteln und in kleine Röllchen schneiden.
3. Naturjoghurt, Schmand, Salz, Pfeffer und Schnittlauchröllchen verrühren, über die Möhren-Rettich-Mischung gießen und gut vermengen.

Tipp:

Reichen Sie den Salat mit gebuttertem Vollkornbrot, dann wird die Mahlzeit sättigender, aber gleichzeitig kohlenhydratreich.

Aprikosencarpaccio mit Sahnehäubchen ⊜

(4 Portionen)

Man braucht:

8 reife Aprikosen

1 Hand voll Pistazien

100 ml süße Sahne

So wird's gemacht:

1. Die Aprikosen halbieren, entsteinen, in feine Spalten schneiden und kreisförmig auf einem kleinen Teller anrichten.

2. Die Pistazien aus ihren Schalen lösen, hacken und über die Aprikosen streuen.

3. Die Sahne schlagen und je einen Esslöffel in die Mitte jedes Aprikosenkreises geben.

Möhrenfrischkäse mit Haselnussblättchen 🌾

(4 Portionen)

Man braucht:

2 Möhren

10 Haselnüsse

100 g (1/2 Packung) Doppelrahmfrischkäse natur

Salz, schwarzer Pfeffer a. d. Mühle

4 Scheiben Vollkornbrot

Butter zum Bestreichen

So wird's gemacht:

Die Möhren putzen, grob raspeln und die Haselnüsse dazu hobeln. Beides vermengen und mit einer Gabel unter den Frischkäse rühren. Mit Salz und Pfeffer abschmecken und zusammen mit den gebutterten Vollkornbrotscheiben servieren.

Petersilien-Kohlrabi-Quark 🌾

(4 Portionen)

Man braucht:

100 g Quark (40 % Fett i. Tr.)

Mineralwasser je nach Bedarf

Salz, schwarzer Pfeffer a. d. Mühle

4 TL Petersilie

1 Kohlrabiknolle

4 Scheiben Vollkornbrot

Butter zum Bestreichen

So wird's gemacht:

1. Quark, Mineralwasser, Salz, Pfeffer und gehackte Petersilie – 4 Zweige zurückbehalten – zu einer sahnigen Creme verrühren.

2. Die Kohlrabiknolle schälen und grob hinein raspeln.

3. Die Vollkornbrotscheiben mit Butter bestreichen, den Quark darauf verteilen und mit Petersilie garnieren.

Birnen-Möhren-Sahnejoghurt 🥚

(4 Portionen)

Man braucht:

2 reife Birnen

2 Möhren

1 Spritzer Zitronensaft

800 g Naturjoghurt (3,5 % Fett)

2 EL süße Sahne

2 EL gehackte Mandeln

So wird's gemacht:

1. Die Birnen vierteln, entkernen, schälen und in kleine Würfel schneiden.

2. Die Möhren putzen, grob raspeln und mit Zitrone beträufeln.

3. Joghurt und Sahne glatt rühren und Birnenwürfel und Möhrenraspeln untermengen.

4. Die Mandeln mit kochendem Wasser überbrühen, anschließend die Schale zwischen zwei Fingern abstreifen und die Nüsse in feine Scheiben hobeln.

5. Den Joghurt auf 4 Schüsseln verteilen und mit den gehobelten Mandeln bestreuen.

Fenchel-Mango-Salat ◯

(4 Portionen)

Man braucht für den Salat:

4 EL gehobelte Mandeln

4 Fenchelknollen

2 reife Mangos

2 Orangen

für die Sauce:

100 g Naturjoghurt (3,5 % Fett)

1 EL Schmand

5 EL Orangensaft

1/2–1 EL Zitronensaft

Salz, schwarzer Pfeffer a. d. Mühle

So wird's gemacht:

1. Die Mandeln mit kochendem Wasser überbrühen und einweichen lassen. In der Zwischenzeit die Fenchelknollen putzen, das Kraut beiseite legen, die Knollen waschen, halbieren und in feine Streifen schneiden.

2. Die Mangos schälen und das Fruchtfleisch mit einem scharfen Messer in feinen Spalten vom Kern lösen.

3. Die Orangen großzügig schälen, filetieren und zusammen mit den anderen Zutaten in eine Schüssel geben.

4. In einer kleinen Schüssel die Saucenzutaten verrühren, über den Salat gießen und vermengen.

5. Die Mandeln aus ihrer Haut herausdrücken, mit einem scharfen Messer stiften und ohne Fett in einer Pfanne rösten.

6. Den Salat auf 4 Teller verteilen, die Mandelstifte darüber streuen und mit je einem Zweig Fenchelkraut garnieren.

Apfel-Sellerie-Joghurt mit Walnüssen ◐

(4 Portionen)

Man braucht:

1 große Sellerieknolle

3 Äpfel

1 EL Zitronensaft

10 Walnusskerne

1 Hand voll Rosinen

200 g Naturjoghurt (3,5 % Fett)

Salz

So wird's gemacht:

1. Sellerieknolle und Äpfel schälen, grob in eine Schüssel raspeln und sofort mit dem Zitronensaft beträufeln.
2. Die Walnüsse grob hacken und zusammen mit den Rosinen zu den anderen Zutaten geben. Den Joghurt darüber gießen, unterheben und mit Salz abschmecken.

Heidelbeer-Haferflocken

(4 Portionen)

Man braucht:

200 g Haferflocken

800 g Naturjoghurt (3,5 % Fett)

600 g frische Heidelbeeren

4 TL Zimt & Zucker

So wird's gemacht:

Alle Zutaten vermengen, Zucker und Zimt gut mischen, unterrühren und sofort servieren.

Eisbergsalat mit Zucchini und Honigmelone ◖

(4 Portionen)

Man braucht für den Salat:

1 Hand voll Mandeln

1/2 Eisbergsalat

1/2 Honigmelone

2 reife Birnen

1 kleine Zucchini

2 EL Dill

für die Sauce:

1 EL Zitronensaft

4 EL Naturjoghurt (3,5 % Fett)

Salz, schwarzer Pfeffer a. d. Mühle

So wird's gemacht:

1. Die Mandeln mit kochendem Wasser überbrühen und einweichen lassen.

2. Die Blätter des Eisbergsalats lösen, waschen, trocken schütteln und in mundgerechte Blättchen zupfen.

3. Die Melone halbieren und mit einem Esslöffel die Kerne herausschaben, eine halbe Frucht vierteln und mit einem Messer Würfel herausschneiden. Die andere Hälfte kühl aufbewahren und innerhalb der nächsten 2 Tage verzehren.

4. Die Birnen vierteln, schälen, das Kerngehäuse herausschneiden und ebenfalls würfeln.

5. Die Zucchini schälen, die Stielansätze abschneiden und die Frucht würfeln.

6. Die Mandeln aus ihrer Haut herausdrücken und hacken.

7. Alle Zutaten in eine Salatschüssel geben.

8. Die Saucenzutaten verrühren, über den Salat gießen, vermengen und 10 Minuten ziehen lassen.

9. Den Dill hacken und vor dem Servieren über jeden Salatteller streuen.

Orangen-Kiwi-Sahnequark ◖

(4 Portionen)

Man braucht:

2 Orangen

4 Kiwis

400 g Quark (40 % Fett i. Tr.)

4 EL süße Sahne

So wird's gemacht:

1. Die Orangen großzügig schälen und filetieren. Den Saft dabei auffangen. Die Filets in kleine Stücke schneiden und in eine Schüssel geben.
2. Die Kiwis schälen und in kleine Würfel schneiden.
3. Die Früchte mit Quark und Sahne vermengen. Nach Belieben süßen.

Bananen-Honig-Shake 🌾

(4 Gläser)

Man braucht:

2 Bananen

3 EL Honig

700 ml Buttermilch

Zimt

So wird's gemacht:

1. Die Bananen mit einem Schneidstab pürieren, den Honig dazugeben und die Buttermilch langsam angießen.
2. Den Shake 1/2 Stunde kalt stellen, anschließend in Gläser füllen und mit Zimt bestäuben.

Vorspeisen

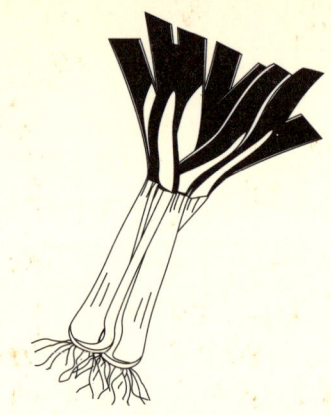

Lauchcremesuppe 🌾

(4 Portionen)

Man braucht:

2 Zwiebeln

2 EL Butter

500 g Kartoffeln

3 Stangen Lauch

800 ml Gemüsebrühe

150 ml süße Sahne

Muskatnuss

So wird's gemacht:

1. Die geschälten Zwiebeln fein würfeln. Die Butter in einem Suppentopf erhitzen und die Zwiebelwürfel darin glasig dünsten.

2. In der Zwischenzeit die geschälten Kartoffeln in kleine Würfel schneiden, den Lauch putzen, in dünne Ringe schneiden und beides zu den Zwiebeln geben. Unter Rühren kurz anbraten und die Gemüsebrühe angießen. Bei geschlossenem Deckel die Suppe 15–20 Minuten köcheln lassen.

3. Sobald das Gemüse gar ist, die Suppe mit einem Schneidstab pürieren, die Sahne unterrühren und mit Muskat abschmecken.

Tipp:

Reichen Sie dazu frisches Landbrot.

🕐 **Mittagessen, Abendessen**

Kartoffel-Gemüse-Suppe 🌾

(4 Portionen)

Man braucht:

3/4 l Gemüsebrühe

300 g Kartoffeln

2 Stangen Lauch

2 EL Butter

200 g Möhren

150 g Erbsen a. d. Dose

Salz, Pfeffer a. d. Mühle

1/2 TL Muskatnuss

1 TL Kümmel

4 EL süße Sahne

2 EL Petersilie

So wird's gemacht:

1. Die Gemüsebrühe zum Kochen bringen. Währenddessen die Kartoffeln schälen, in kleine Würfel schneiden und in der Brühe bei mäßiger Hitze garen.

2. Den Lauch putzen, waschen, in feine Ringe schneiden. Die Butter in einem Topf erhitzen und den Lauch darin andünsten. Die Möhren putzen, in Würfel schneiden und zusammen mit den Erbsen in die Lauchpfanne geben.

3. Die Hälfte der Kartoffelwürfel abschöpfen und ebenfalls in der Gemüsepfanne schmoren lassen.

4. Mit Salz, Pfeffer, Muskatnuss und Kümmel abschmecken.

5. Die restlichen Kartoffelwürfel in der Brühe mit dem Schneidstab pürieren, das geschmorte Gemüse dazugeben und die Sahne unterrühren.

6. Die Suppe auf 4 Teller verteilen und mit der Petersilie garnieren.

🕐 **Mittagessen, Abendessen**

Gemüsesuppe auf italienische Art 🌾
(4 Portionen)

Man braucht:

2 Zwiebeln

250 g Möhren

250 g frische grüne Bohnen oder a. d. Dose

1/2–1 Chilischote*

30 g Butter

1,5 l Gemüsebrühe

100 g Nudeln

400 g Zucchini

1 Bund Lauchzwiebeln

Salz, Pfeffer a. d. Mühle

**50 g geriebener Parmesan oder anderer Käse
(mind. 60 % Fett i. Tr.)**

So wird's gemacht:

1. Die geschälten Zwiebeln in feine Ringe schneiden. Möhren und Bohnen putzen und die Möhren in feine Scheiben schneiden. Die Chilischote (1/2 oder 1) in feine Ringe schneiden. (Danach Hände waschen, sonst überträgt sich die Schärfe auf andere Zutaten.)

2. Die Butter in einem Suppentopf erhitzen und Zwiebeln, Möhren und Bohnen in der heißen Butter andünsten. Die Brühe angießen, die Chiliringe dazugeben und die Suppe zugedeckt etwa 15 Minuten köcheln lassen.

3. In der Zwischenzeit die Nudeln etwa 8 Minuten in kochendem Salzwasser garen.

4. Die Zucchini, sofern sie jung und zart ist, ungeschält in etwa 0,5 cm dicke Scheiben schneiden. Ältere, größere Früchte sollten geschält zubereitet werden. Die Lauchzwiebeln in Ringe schneiden und zusammen mit den Zucchinischeiben 5 Minuten in der Suppe garen.

5. Sobald alle Suppengemüse gar sind, die Nudeln dazugeben und alles mit Salz und Pfeffer abschmecken.

6. Die Suppe auf 4 Teller verteilen und mit Parmesan bestreuen.

Tipp:
Dazu servieren Sie frisches Bauernbrot.

🕐 **Mittagessen, Abendessen**

Gemüsesuppe mit Käse-Sahne-Klößchen

(4 Portionen)

Man braucht für die Suppe:

200 g Möhren

200 g Kohlrabi

150 g Knollensellerie

200 g Blumenkohl

100 g frische grüne Bohnen oder a. d. Dose

3 EL Butter

2 Zwiebeln

1 l Gemüsebrühe

Salz

Muskatnuss

2 EL Petersilie

für die Klößchen:

2 altbackene Brötchen

100 ml Wasser

3 EL süße Sahne

1 EL Butter

1 Zwiebel

2 EL Petersilie

1 TL Liebstöckl

1 Eigelb

2 EL Sonnenblumenkerne*

1 1/2 TL Gemüsebrühe (Pulver)

50 g Käse (mind. 60 % Fett i. Tr.)

So wird's gemacht:

1. Das Gemüse putzen. Die längs geviertelten Möhren, Kohlrabi und Sellerie in etwa 4 cm große Stifte schneiden. Den Blumenkohl in einzelne Röschen zerteilen. Die frischen Bohnen in 2 cm lange Stücke schneiden.

2. 3 EL Butter in einem Suppentopf auslassen, und 2 geschälte, in Ringe geschnittene Zwiebeln darin glasig dünsten. Anschließend das restliche Gemüse dazugeben und ebenfalls einige Minuten dünsten.

3. Die Brühe über das Gemüse gießen und zum Kochen bringen. Bei geschlossenem Deckel circa 15–20 Minuten köcheln lassen.

4. In der Zwischenzeit die beiden Brötchen in kleine Würfel schneiden, mit etwa 100 ml Wasser und der Sahne übergießen und einige

Minuten quellen lassen. Anschließend die Brötchenmasse gut ausdrücken.

5. 1 TL Butter in einer Pfanne erhitzen, unterdessen eine Zwiebel schälen, fein würfeln und in der heißen Butter glasig dünsten. Anschließend zusammen mit den Brötchenwürfeln, 2 EL gehackter Petersilie, Liebstöckel, Eigelb, Sonnenblumenkernen und Trockenbrühe zu einem Teig verkneten.

6. Den Käse in kleine Würfel schneiden.

7. Mit feuchten Händen 4 Klößchen aus dem Teig formen und jeweils mit einem Käsewürfel füllen.

8. 1 Liter Wasser salzen und zum Kochen bringen. Die Klößchen darin etwa 10 Minuten ziehen lassen, bis sie im Wasser aufsteigen.

9. Die Suppe unterdessen noch einmal erwärmen, mit Salz und Muskatnuss abschmecken und die Klößchen hineingeben. Die Suppenteller werden mit der restlichen gehackten Petersilie bestreut.

 **Mittagessen, Abendessen**

Flädlesuppe 🌾

(4 Portionen)

Man braucht:

65 g Mehl

60 g Speisestärke

2 Eigelb

1 Prise Salz

250 ml kohlensäurehaltiges Mineralwasser

1 Bund Suppengrün

1,5 l Gemüsebrühe

1/2 Zwiebel

2 EL Sonnenblumenöl

2 EL gehackte Petersilie

So wird's gemacht:

1. Mehl und Speisestärke in eine Schüssel geben.
2. Zwei Eigelb mit Salz und Mineralwasser verquirlen und mit Mehl und Stärke verrühren. Den Teig 30 Minuten ruhen lassen.
3. Das Suppengrün bis auf den Knollensellerie in kleine Würfel bzw. Scheiben schneiden.

Die Brühe zum Kochen bringen und das Gemüse darin weich köcheln lassen.

4. Mit der 1/2 Zwiebel eine Pfanne ausreiben, anschließend das Öl darin erhitzen und nacheinander dünne Pfannkuchen backen. Nach ihrem Erkalten die Flädle rollen und in feine Streifen schneiden.
5. Die Brühe in einen anderen Topf abgießen, dabei das Gemüse in einem Sieb auffangen und anderweitig verwenden.
6. Die Gemüsebrühe aufkochen lassen, die Flädlestreifen hineingeben und nochmals kurz ziehen lassen.
7. Die Suppe auf 4 Teller verteilen und mit Petersilie garnieren.

Tipp:

Servieren Sie dazu frisches Baguette oder Ciabatta.

🕐 **Mittagessen, Abendessen**

Pikante Tomatensuppe ◖

(4 Portionen)

Man braucht:

2 große Möhren

1 Knollensellerie

1 Zwiebel

1 EL Olivenöl

10 mittelgroße Tomaten

schwarzer Pfeffer a. d. Mühle

2 TL Gemüsebrühe

5 EL süße Sahne

1 Zweig Basilikum

So wird's gemacht:

1. Möhren, Sellerie und Zwiebel putzen bzw. schälen und in kleine Würfel schneiden.
2. Das Olivenöl in einem Topf erhitzen und die Gemüsewürfel darin andünsten.
3. Die Stielansätze aus den Tomaten herausschneiden, geviertelt pürieren und durch ein Sieb in den Topf streichen. Zugedeckt circa 15 Minuten köcheln lassen.

4. Anschließend die Suppe mit dem Schneidstab pürieren, mit Pfeffer und Gemüsebrühe kräftig würzen, die Sahne unterheben und schließlich jeden Suppenteller mit einigen Blättchen Basilikum garnieren.

🕐 **Mittagessen**

Bunte Sauerkrautsuppe ◖

(4 Portionen)

Man braucht:

2 EL Sonnenblumenöl

2 rote Paprikaschoten

1 Zwiebel

5 Tomaten

1 TL Paprika rosenscharf

3 TL Gemüsebrühe

200 g Sauerkraut

2 EL Schnittlauchröllchen

4 EL süße Sahne

So wird's gemacht:

1. Das Öl in einem Topf erhitzen, und währenddessen die Paprikaschoten entkernen und in feine Streifen schneiden, die geschälte Zwiebel in feine Ringe schneiden. Beides im heißen Öl circa 5 Minuten andünsten.

2. Die Stielansätze der Tomaten herausschneiden, geviertelt pürieren und durch ein Sieb in die Pfanne streichen. Unter Rühren mit Paprika- und Gemüsebrühepulver abschmecken.

3. Das Sauerkraut unter die Suppe heben und zugedeckt bei geringer Hitze etwa 10 Minuten köcheln lassen. Bei Bedarf Wasser dazugeben.

4. Den Schnittlauch in kleine Röllchen schneiden.

5. Die Sahne in die Suppe einrühren, anschließend auf 4 Teller verteilen und mit den Schnittlauchröllchen garnieren.

🕐 **Mittagessen**

Selleriecremesuppe ⊖

(4 Portionen)

Man braucht:

1 l Gemüsebrühe

500 g Stangensellerie, ersatzweise auch
Knollensellerie

8 EL süße Sahne

4 EL Petersilie

So wird's gemacht:

1. Die Gemüsebrühe zum Kochen bringen. In der Zwischenzeit die Sellerie waschen, putzen und das Grün abschneiden und fürs Garnieren aufbewahren. Die Selleriestangen oder Knollen in kleine Würfel schneiden und in der Brühe gar kochen.

2. Anschließend das Gemüse pürieren, die Sahne unterrühren und auf 4 Teller verteilen. Mit gehackter Petersilie und einem Zweig Selleriegrün garnieren.

Tipp:

Wenn die Suppe als Hauptmahlzeit verzehrt wird, können Sie dazu warmes Baguettebrot oder in einer Butterpfanne geröstete Weißbrotwürfel reichen. Damit wird das neutrale Gericht allerdings zur Kohlenhydratmahlzeit.

🕐 **Mittagessen, Abendessen**

Zucchinicremesuppe 🌾

(4 Portionen)

Man braucht:

1 l Gemüsebrühe

1 kg Zucchini

500 g Kartoffeln

1 Knoblauchzehe

100 ml süße Sahne

Kerbelkraut

So wird's gemacht:

1. Die Gemüsebrühe zum Kochen bringen und in der Zwischenzeit die Zucchini und Kartoffeln schälen und grob würfeln. Beides in der Brühe etwa 15 Minuten köcheln lassen. Die Knoblauchzehe schälen und in die Suppe pressen.

2. Die Suppe pürieren, die Sahne unterheben und das gehackte Kerbelkraut hineinstreuen.

Tipp:

Reichen Sie dazu frisches Landbrot.

🕐 **Mittagessen, Abendessen**

Bouillon mit Kohlrabi und Hackbällchen ◐

(4 Portionen)

Man braucht:

500 ml Fleischbrühe

4 mittelgroße Kohlrabi

4 EL Sonnenblumenöl

1 Zwiebel

300 g Hackfleisch

1 Ei

Salz, schwarzer Pfeffer a. d. Mühle

Curry

Kerbelkraut

So wird's gemacht:

1. Die Brühe zum Kochen bringen. Währenddessen die Kohlrabi schälen und in 3 cm lange Stifte schneiden.

2. 2 EL Öl in einem Topf erhitzen und die Kohlrabi darin andünsten. Die Brühe angießen und etwa 15 Minuten köcheln lassen.

3. In der Zwischenzeit die Zwiebel schälen, hacken und anschließend mit dem Hackfleisch, Ei, Salz, Pfeffer und Curry verkneten und zu kleinen Bällchen formen.

4. Das restliche Öl in einer Pfanne erhitzen, die Bällchen darin scharf anbraten und mit einer Schaumkelle in die Suppe heben. Die Suppe abschmecken und jeden Teller mit gehacktem Kerbelkraut garnieren.

🕐 **Mittagessen**

Herzhafte Sauerkrautsuppe mit Speckcroûtons und Cabanossi ◯

(4 Portionen)

Man braucht:

100 g Speck

1 Zwiebel

2 Knoblauchzehen

400 g Sauerkraut

750 ml Fleischbrühe

1 grüne Paprikaschote

100 g Cabanossi

1 EL Paprika edelsüß

Salz, schwarzer Pfeffer a. d. Mühle

2 EL Schmand

So wird's gemacht:

1. Den Speck würfeln und in einem Topf ohne weiteres Fett kross rösten. In der Zwischenzeit Zwiebel und Knoblauchzehen schälen, fein würfeln und zusammen mit den Speckwürfeln glasig dünsten.

2. Während die Fleischbrühe zum Kochen gebracht wird, das Sauerkraut grob hacken und zu den Zwiebeln und dem Speck geben. Die Brühe angießen und bei geschlossenem Deckel 30 Minuten köcheln lassen.

3. Die Paprikaschote waschen, entkernen und in Streifen schneiden. Die Cabanossi in schmale Scheiben schneiden. Beides nach Ablauf der 30 Minuten in die Suppe geben und weitere 10 Minuten ziehen lassen. Mit Paprika, Salz und Pfeffer abschmecken und den Schmand unterheben.

🕐 **Mittagessen**

Fischsuppe mit Champignons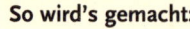

(4 Portionen)

Man braucht:

1 l Gemüsebrühe

1/2 Knollensellerie

1/2 TL Koriander

4 Lorbeerblätter

2 Frühlingszwiebeln, ersatzweise kleine Zwiebeln

400 g Champignons

600 g Rotbarschfilet

schwarzer Pfeffer a. d. Mühle

4 EL Zitronenmelisse, ersatzweise 4 TL

Zitronensaft

So wird's gemacht:

1. Die Brühe zum Kochen bringen. Die Sellerie putzen, in 0,5 cm breite Scheiben schneiden und zusammen mit Koriander und Lorbeerblättern etwa 15 Minuten in der Brühe köcheln lassen.

2. In der Zwischenzeit die Frühlingszwiebeln oder Zwiebeln schälen, in feine Ringe schneiden und 10 Minuten in der Brühe garen lassen.

3. Die Champignons, wenn möglich, nicht waschen, sondern nur putzen und in Scheiben schneiden. Anschließend 5 Minuten in der Brühe garen lassen.

4. Den Fisch in 5 cm große Stücke schneiden und 5 Minuten in der Suppe ohne weitere Wärmezufuhr ziehen lassen. Mit Pfeffer, gehackter Zitronenmelisse oder Zitronensaft würzen.

🕐 **Mittagessen**

Blattsalat mit bunter Rohkost ⊜

(4 Portionen)

Man braucht für den Salat:

4 mittelgroße Möhren

2 Äpfel

1 Salatkopf

50 g Walnusskerne

für die Sauce:

6 EL Olivenöl

2–3 EL Zitronensaft

Salz, schwarzer Pfeffer a. d. Mühle

So wird's gemacht:

1. Möhren und Äpfel schälen und beide grob in eine Salatschüssel raspeln.
2. Den Salat waschen, trocken tupfen und die Blätter mundgerecht in die Rohkostschüssel zupfen.
3. Die Walnusskerne grob hacken und darüber streuen.
4. Die Saucenzutaten verquirlen und das Öl unter Rühren angießen. Kurz vor dem Servieren über den Salat geben und unterheben.

Tipp:

Servieren Sie dazu aufgebackenes, gebuttertes Baguettebrot, so wird aus dem neutralen Gericht eine Kohlenhydratmahlzeit.

🕐 **Mittagessen, Abendessen**

Lauwarmer Bohnensalat ⊜

(4 Portionen)

Man braucht für den Salat:

600 g frische grüne Bohnen

Bohnenkraut, ersatzweise Thymian oder Majoran

4 Tomaten

200 g Champignons

2 Frühlingszwiebeln, ersatzweise kleine Zwiebeln

200 g Mais a. d. Dose

---

für die Sauce:

3 EL Schnittlauchröllchen

4 EL Sonnenblumenöl

2 EL Zitrone

50 ml süße Sahne

100 ml vom Bohnenkochwasser

Salz, schwarzer Pfeffer a. d. Mühle

So wird's gemacht:

1. Die Bohnen putzen, halbieren und in wenig Salzwasser zusammen mit einem Zweig Bohnenkraut etwa 20 Minuten garen.

2. Die Stielansätze mit einem spitzen Messer aus den Tomaten herausschneiden und diese achteln. Die Champignons abreiben, den Stiel putzen und in schmale Scheiben schneiden. Die Frühlingszwiebeln schälen und mit dem Grün in schmale Ringe schneiden. Alle Zutaten, auch den Mais, in eine Salatschüssel geben.

3. Die Bohnen abgießen, dabei das Gemüsewasser auffangen, und zu dem restlichen Gemüse in die Salatschüssel geben.

4. Den Schnittlauch in kleine Röllchen schneiden.

5. Öl, Zitrone, Sahne, 100 ml lauwarmes Bohnenkochwasser und Schnittlauchröllchen verquirlen und mit Salz und Pfeffer abschmecken. Anschließend die Sauce über das Gemüse geben, unterheben und lauwarm servieren.

Tipp:

Wenn Sie Landbrot dazu servieren, wird aus dem neutralen Gericht ein kohlenhydrathaltiges.

🕐 **Mittagessen, Abendessen**

Gebratene Champignons auf Feldsalat ⊜

(4 Portionen)

Man braucht für den Salat:

150 g Feldsalat

2 EL Butter

800 g Champignons

Salz, schwarzer Pfeffer a. d. Mühle

4 EL geriebener Parmesan

für die Sauce:

4 EL Olivenöl

1–2 EL Zitronensaft

4 EL Schnittlauchröllchen

Salz, schwarzer Pfeffer a. d. Mühle

Prise Zucker

So wird's gemacht:

1. Den Feldsalat waschen, die Wurzeln abzwacken; den Salat trocken schleudern oder auf Küchenkrepp abtupfen.
2. Die Butter in einer Pfanne erhitzen.
3. Die Champignons abreiben, den Stiel putzen, die Pilze in schmale Scheiben schneiden und in der heißen Butter offen bei starker Hitze dünsten, bis die Flüssigkeit verkocht ist und die Pilze goldbraun angebraten sind. Mit Salz und Pfeffer abschmecken.
4. Alle Saucenzutaten verquirlen, über den Feldsalat geben und vorsichtig unterheben.
5. Den Salat auf 4 Teller verteilen, die Champignons darauf verteilen und mit je 1 EL Parmesan bestreuen.

Tipp:

Servieren Sie dazu warmes Baguette oder Ciabatta. Das Gericht gehört dann zur Kohlenhydratgruppe.

🕐 **Mittagessen, Abendessen**

Chicorée-Fenchel-Salat mit Orangensauce ◯

(4 Portionen)

Man braucht für den Salat:

4 EL gestiftete Mandeln

2 Chicoréestauden

2 Fenchelknollen

2 große Äpfel

1 EL Zitronensaft

1 Orange

für die Sauce:

Saft einer Orange

100 ml süße Sahne

Salz, schwarzer Pfeffer a. d. Mühle

So wird's gemacht:

1. Die Mandeln mit kochendem Wasser überbrühen und einweichen lassen.

2. Chicorée und Fenchel putzen. Den Chicorée halbieren und den bitteren Strunk mit einem Messer keilförmig herausschneiden. Beides in schmale Streifen schneiden.

3. Die Äpfel schälen, vierteln und in schmale Spalten schneiden. Sofort mit Zitronensaft beträufeln, damit sie nicht braun werden.

4. Eine Orange schälen und filetieren. Alle Zutaten in eine Salatschüssel geben.

5. Die Saucenzutaten vermengen, mit Salz und Pfeffer leicht würzen, anschließend unter den Salat heben und 5 Minuten ziehen lassen.

6. Die Mandeln aus ihrer Haut herausdrücken, stiften und ohne Fett in einer Pfanne rösten.

7. Den Salat auf 4 Teller verteilen und die Mandeln darüber streuen.

🕐 **Frühstück, Mittagessen, Abendessen**

Süßsaurer Eisbergsalat ◐

(4 Portionen)

Man braucht für den Salat:

1 Kopf Eisbergsalat

8 Champignons

1 kleine Zwiebel

4 kleine Tomaten

4 Scheiben frische Ananas oder a. d. Dose

für die Sauce:

6 EL Olivenöl

2 EL Zitrone

Saft der Ananas

Curry

Salz, schwarzer Pfeffer a. d. Mühle

So wird's gemacht:

1. Die Blätter des Eisbergsalats lösen, waschen, trocknen und in mundgerechte Streifen schneiden.

2. Die Champignons abreiben, putzen und in feine Scheiben schneiden.

3. Die Zwiebel schälen und fein würfeln.

4. Die Stielansätze aus den Tomaten herausschneiden und fein würfeln.

5. Die Ananasscheiben in kleine Stückchen schneiden.

6. Alle Zutaten in eine Schüssel geben. In einer weiteren Schüssel die Saucenzutaten verquirlen und unter den Salat heben. Etwa 15 Minuten ziehen lassen.

🕐 **Mittagessen**

Zucchinisalat

(4 Portionen)

Man braucht für den Salat:

2 Zucchini

2 Möhren

3 Zweige Minze

für die Vinaigrette:

1 EL Zitronensaft

4 EL Olivenöl

2 TL Senf

Salz, schwarzer Pfeffer a. d. Mühle

So wird's gemacht:

1. Die gewaschenen Zucchini und die geputzten Möhren mit einem Gemüseschäler in feine Streifen schneiden.

2. Die Saucenzutaten verquirlen und unter das Gemüse heben. Die Minzeblättchen fein hacken und über jeden Salatteller streuen.

🕐 **Mittagessen**

Tomaten-Paprika-Salat mit Käsewürfeln ⊜

(4 Portionen)

Man braucht für den Salat:

4 große Tomaten

4 rote Paprikaschoten

4 EL Schnittlauchröllchen

300 g Käse (mind. 60 % Fett i. Tr.)

für die Vinaigrette:

6 EL Olivenöl

2 EL Zitronensaft

Salz, schwarzer Pfeffer a. d. Mühle

So wird's gemacht:

1. Die Stielansätze aus den gewaschenen Tomaten herausschneiden und die Tomaten in kleine Würfel schneiden.

2. Die Paprikschoten waschen, entkernen und in feine Streifen schneiden.

3. Den Schnittlauch in feine Röllchen schneiden und zum Garnieren beiseite stellen.

4. Den Käse klein würfeln.

5. Alle Zutaten in eine Schüssel geben, in einer weiteren Schüssel die Vinaigrette anrühren und über den Salat gießen. Jeden Salatteller mit 1 EL Schnittlauchröllchen garnieren.

Tipp:

Reichen Sie als Sättigungsbeilage gebuttertes Brot, so wird das Gericht zur Kohlenhydratmahlzeit.

🕐 **Mittagessen, Abendessen**

Mais in Petersilienbutter auf Blattsalat ⊜

(4 Portionen)

Man braucht für den Salat:

80 g Butter

1 Bund Petersilie

1 Dose Mais

1 kleiner Kopfsalat

2 große Tomaten

für die Vinaigrette:

4 EL Olivenöl

1 EL Zitronensaft

Salz, schwarzer Pfeffer a. d. Mühle

So wird's gemacht:

1. Butter in einer Pfanne auslassen. Währenddessen die Petersilie waschen, trocken schütteln, fein hacken und zusammen mit dem abgetropften Mais in der Butter erwärmen.

2. Den Salat in der Zwischenzeit waschen, trocknen und in mundgerechte Blätter zupfen.

3. Die Stielansätze aus den Tomaten herausschneiden und die Früchte in feine Scheiben schneiden.

4. Auf vier Tellern die Salatblätter verteilen und die Tomatenscheiben darauf schichten.

5. Die Vinaigrette anrühren – das Öl zum Schluss unterziehen – und über Salat und Tomaten gießen. Den Buttermais mit einem Löffel auf die Tomaten verteilen.

Tipp:

Wenn Sie dazu warmes Baguette oder Ciabatta reichen, gehört das Gericht zur Kohlenhydratgruppe.

🕐 **Mittagessen, Abendessen**

Herzhafter Kartoffelsalat 🌾

(4 Portionen)

Man braucht für den Salat:

1 kg fest kochende Kartoffeln

3 Frühlingszwiebeln

4 Tomaten

1/2 Salatgurke

1 Bund Radieschen

1/2 Bund Basilikum

für die Sauce:

200 ml Gemüsebrühe

4 EL Zitrone

schwarzer Pfeffer a. d. Mühle, Salz

1 Prise Zucker

3 EL Sonnenblumenöl

So wird's gemacht:

1. Die Kartoffeln waschen und etwa 25 Minuten gar kochen.

2. In der Zwischenzeit die Frühlingszwiebeln schälen, die Stielansätze der Tomaten herausschneiden, die Gurke schälen, die Radieschen putzen, und alles in kleine Würfel schneiden, sowie das Grün der Zwiebeln in feine Ringe. Das Basilikum waschen, die Blättchen zupfen und klein schneiden.

3. Sobald die Kartoffeln gar sind, kurz bei geringer Hitze trocknen, anschließend pellen und abkühlen lassen.

4. Die Brühe zusammen mit Zitrone und Pfeffer aufkochen lassen, mit Salz und Zucker abschmecken.

5. Die Kartoffeln in Scheiben schneiden, mit der Brühe übergießen und abkühlen lassen. Anschließend das Öl vorsichtig unterheben.

6. Das restliche gewürfelte Gemüse und das Basilikum dazugeben und vermengen. 1/2 Stunde ziehen lassen.

7. Den Kartoffelsalat noch einmal wenden und mit Salz und Pfeffer abschmecken.

🕐 **Mittagessen, Abendessen**

Fruchtiger Möhrensalat mit Honigmelone ◓

(4 Portionen)

Man braucht:

750 g Möhren

2 EL Zitronensaft

2 EL Sonnenblumenöl

1 Honigmelone

200 g frische Ananas oder a. d. Dose

1 Prise Salz und Zucker

So wird's gemacht:

1. Die Möhren putzen und grob raspeln. Anschließend mit Zitronensaft und Öl vermengen.

2. Die Kerne aus beiden Melonenhälften mit einem Esslöffel herausschaben und mit einem Teelöffel das Fruchtfleisch einer Hälfte herausstechen und zu den Möhren geben. Die andere Hälfte vierteln und kühlen.

3. Den Strunk der frischen Ananas abtrennen, die Frucht in Scheiben schneiden und jede anschließend großzügig schälen. Sollte das Innere holzig sein, mit einem spitzen Messer herauslösen. Die Scheiben mundgerecht würfeln und zu Möhren und Melone geben.

4. Alle Zutaten gut vermengen, mit einer Prise Salz und Zucker abschmecken und kühl stellen.

5. Den Salat auf vier Teller zu je einem Viertel der gekühlten Melone servieren.

🕐 **Frühstück, Mittagessen**

Weißer Röschensalat ⊜

(4 Portionen)

Man braucht für den Salat:

200 g Blumenkohlröschen

200 g Brokkoliröschen

1 Stange Lauch

2 Kohlrabiknollen

2 EL geriebener Parmesan

für die Sauce:

4 EL Sonnenblumenöl

2 El Zitrone

Salz

So wird's gemacht:

1. Kleine Röschen von Blumenkohl und Brokkoli lösen, den Lauch in feine Ringe schneiden und die Kohlrabi in feine Scheiben.

2. Wenig Salzwasser zum Kochen bringen und das Gemüse darin einige Minuten angaren, sodass es noch Biss hat.

3. Die Sauce in einer Salatschüssel anrühren und das warme abgetropfte Gemüse darin wenden. Den Parmesan darüber streuen und sofort servieren.

Tipp:

Servieren Sie frisches gebuttertes Landbrot dazu. Bedenken Sie aber, dass das Gericht dann nicht mehr neutral, sondern kohlenhydrathaltig ist.

🕐 **Mittagessen, Abendessen**

Knusprige Kartoffelscheiben mit gebuttertem Rosenkohl

(4 Portionen)

Man braucht:

400 g Kartoffeln

1 Zwiebel

2 EL Sonnenblumenöl

1 TL Salz

500 g Rosenkohl

1 TL Gemüsebrühe

1 Prise geriebene Muskatnuss

1 1/2 EL Butter

1 EL Paniermehl, Prise Salz

So wird's gemacht:

1. Die Kartoffeln mit der Schale garen und abkühlen lassen. Anschließend pellen und in Scheiben schneiden. Man kann die Kartoffeln auch bereits am Vortag kochen.

2. Die Zwiebel schälen und fein würfeln. Das Öl in einer Pfanne erhitzen und die gewürfelte Zwiebel darin glasig dünsten. Die Kartoffelscheiben hinzufügen, salzen und bei mäßiger Hitze braten, bis die Kartoffeln goldgelb werden.

3. In der Zwischenzeit den Rosenkohl putzen. In einen geschlossenen Topf mit wenig Wasser, der Gemüsebrühe und einer Prise Muskat 12 bis 15 Minuten dünsten. Den Rosenkohl mit einer Schaumkelle herausnehmen.

4. Die Butter in einer Pfanne zerlassen, Paniermehl und Salz hineinstreuen und ein wenig anbraten lassen, anschließend über den Rosenkohl geben. Das Gemüse zusammen mit den knusprig gebratenen Kartoffeln anrichten.

Zucchini-Champignon-Pfanne mit Kräutern ⊜

(4 Portionen)

Man braucht:

2 Zucchini

6 große Champignons

2 Zwiebeln

2 Knoblauchzehen

5 EL Olivenöl

1 TL Gemüsebrühe

schwarzer Pfeffer a. d. Mühle

1 TL Basilikum

1 TL Oregano

1/2 TL Thymian

1/2 TL Rosmarin

So wird's gemacht:

1. Die Zucchini mit der Schale in 0,5 cm dicke Scheiben schneiden (große Früchte zuvor längs halbieren).

2. Die Pilze halbieren, große eventuell vierteln.

3. Zwiebeln und Knoblauchzehen schälen. Die Zwiebeln grob würfeln und den Knoblauch in feine Scheiben schneiden. Das Olivenöl in einer großen Pfanne erhitzen und die Zwiebeln bei mäßiger Hitze darin dünsten. In der letzten Minute die Knoblauchscheibchen mitdünsten. Die Zucchinischeiben und Champignonhälften hinzugeben. Die Brühe darüber streuen und mit Pfeffer würzen. Unter Wenden im eigenen Saft bei mäßiger Hitze 15–20 Minuten garen lassen.

4. In der Zwischenzeit die frischen Kräuter hacken – man kann auch getrocknete Kräuter nehmen, die bereits gerebelt sind –, unter das fertig gegarte Gemüse heben und servieren.

🕐 **Mittagessen, Abendessen**

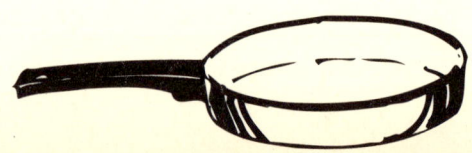

Überbackener Blumenkohl mit Spinat und Tomaten

(4 Portionen)

Man braucht:

1 Blumenkohl

500 ml Gemüsebrühe

1 Paket Spinat

2 EL Butterflöckchen

1 Zwiebel

1 Knoblauchzehe

250 ml süße Sahne

Muskat, Salz

2 Tomaten

50 g geriebener Käse

So wird's gemacht:

1. Den Blumenkohl putzen, waschen und in Röschen zerteilen. In einem geschlossenen Topf in der Gemüsebrühe 15–20 Minuten garen. Die Blumenkohlröschen abtropfen lassen und in eine gefettete Auflaufform geben.

2. Den Spinat zwischen die Blumenkohlröschen verteilen.

3. Die Zwiebel fein würfeln und den Knoblauch durch die Presse drücken. 1 EL Butter in einem Topf erhitzen und Knoblauch und Zwiebelwürfel darin dünsten. Die Sahne angießen und mit Muskat und Salz abschmecken. Die Sauce einige Minuten einkochen lassen und anschließend über den Auflauf gießen.

4. Die Tomaten kurz mit kochendem Wasser überbrühen, die Haut abziehen und in grobe Würfel schneiden.

5. Tomatenwürfel, geriebenen Käse und die Flöckchen der restlichen Butter über dem Auflauf verteilen.

6. Im vorgeheizten Ofen bei 180 Grad (Gas 3, Umluft 180 Grad ohne Vorheizen) 10 Minuten überbacken.

🕐 **Mittagessen**

Champignon-Kartoffel-Gratin 🌾

(4 Portionen)

Man braucht:

800 g Kartoffeln

300 g Champignons

300 ml süße Sahne

Salz, schwarzer Pfeffer a. d. Mühle

Muskat

1 EL Kräuter der Provence

50 g geriebener Parmesankäse

1 EL Butter

So wird's gemacht:

1. Die Kartoffeln waschen, schälen und in sehr feine Scheiben schneiden oder hobeln.
2. Die Champignons putzen und in etwa 5 mm dicke Scheiben schneiden.
3. Die Sahne mit Salz, Pfeffer, Muskat und den Kräutern der Provence würzen.
4. Abwechselnd in eine Auflaufform eine Lage Kartoffelscheiben, dann eine Lage Champignonscheiben schichten; mit Kartoffelscheiben abschließen. Die Sahne gleichmäßig über den Auflauf gießen. Parmesankäse darüber streuen und die Butterflöckchen verteilen.
5. Das Gratin im vorgeheizten Ofen bei 180 Grad (Gas 3, Umluft 180 Grad ohne Vorheizen) 40 Minuten backen. Sobald die Käseschicht goldbraun ist, den Auflauf mit Alufolie abdecken.

Tipp:

Als Beilage eignet sich ein knackiger Salat mit Rohkostgemüse aus der neutralen Gruppe.

🕐 **Mittagessen, Abendessen**

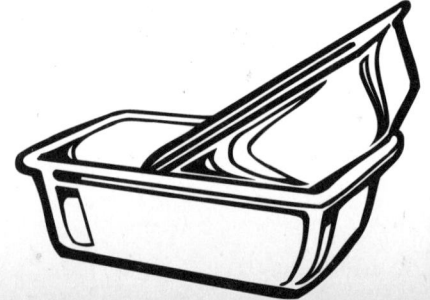

Gefüllte Champignons mit Speck, Paprika und Kräutern ◖

(4 Portionen)

Man braucht:

500 g große Champignons

1 Zwiebel

1 Knoblauchzehe

1 rote Paprika

100 g durchwachsener Speck

1 EL Butter

Salz, schwarzer Pfeffer a. d. Mühle

1 Bund gemischte Kräuter, ersatzweise Kräuter der Provence

So wird's gemacht:

1. Die Champignons putzen, die Stiele entfernen und die Lamellen vorsichtig mit einem Teelöffel aus den Köpfen kratzen. Stiele und Lamellen klein schneiden.

2. Die Zwiebel in feine Würfel schneiden und die Knoblauchzehe durch die Presse drücken.

3. Die Paprika waschen, halbieren, putzen und in feine Würfel schneiden. Den Speck ebenfalls in feine Würfel schneiden.

4. Die Butter in einer Pfanne erhitzen, Speck, Zwiebel und Knoblauch hinzufügen und kurz andünsten. Die Paprikawürfel und die gehackten Champignons dazugeben und unter Wenden einige Minuten mitdünsten. Mit Salz und Pfeffer würzen.

5. Frische Kräuter hacken oder die Kräuter der Provence unter das Gemüse rühren.

6. Die Champignonköpfe mit der Mischung füllen und in eine ausgebutterte Auflaufform setzen.

7. Im vorgeheizten Ofen bei 200 Grad (Gas 4, Umluft 180 Grad) 15 Minuten überbacken.

Tipp:

Dazu schmeckt ein frischer Salat mit Zutaten aus der neutralen Lebensmittelgruppe oder aus der der Eiweiße.

🕑 **Mittagessen**

Gefüllte Tomaten mit Ei und Gurke

(4 Portionen)

Man braucht:

4 Eier

1 Gewürzgurke

3 EL Mayonnaise

1 EL gehackte Petersilie

Salz, schwarzer Pfeffer a. d. Mühle

8 große Tomaten

Salatblätter

So wird's gemacht:

1. Die Eier hart kochen, abschrecken und pellen. Nach einer gewissen Abkühlzeit die Eier hacken.
2. Die Gurke in kleine Würfel schneiden. Eier und Gurkenwürfel mit Mayonnaise und Petersilie vermengen und mit Salz und Pfeffer würzen.
3. Die Tomaten waschen, das obere Drittel als Deckel abschneiden und die Tomaten mit einem Teelöffel aushöhlen. Das Innere für weitere Mahlzeiten, beispielsweise eine Tomatensuppe, aufheben.
4. In jede Tomate die Eiermischung füllen und jeweils einen Deckel aufsetzen.
5. Die Salatblätter auf eine Platte legen und die Tomaten darauf anrichten.

Tipp:

Dieses Gericht eignet sich auch für ein festliches Trennkost-Büffet.

🕐 **Mittagessen**

Gefüllte Kohlrabi mit Möhrensauce ◖

(4 Portionen)

Man braucht:

4 Kohlrabi

400 g Champignons

4 Frühlingszwiebeln

1 EL Butter

Salz, schwarzer Pfeffer a. d. Mühle

1 EL Zitronensaft

8 kleine Möhren

1 EL Tomatenmark

So wird's gemacht:

1. Die Kohlrabi schälen und in wenig Salzwasser im geschlossenen Topf 10 Minuten garen. Die Knollen anschließend herausnehmen, das obere Drittel abschneiden, den unteren Teil mit einem Teelöffel aushöhlen und warm halten.

2. Die Champignons putzen und in Scheiben schneiden. Die Frühlingszwiebeln putzen und in Ringe schneiden. Das Innere der Kohlrabi fein hacken. Die Butter in einer beschichteten Pfanne erhitzen und das klein geschnittene Gemüse anbraten. Mit Salz, Pfeffer und Zitronensaft abschmecken.

3. In der Zwischenzeit die Möhren schälen, fein würfeln und in dem Kohlrabiwasser weich dünsten. Mit dem Schneidstab die Möhrenwürfel mit dem Kochwasser pürieren und das Tomatenmark unterrühren. Gegebenenfalls nochmals mit Salz, Pfeffer und Zitronensaft abschmecken.

4. Die Gemüsemasse in die ausgehöhlten Kohlrabi füllen, die Möhrensauce auf die Teller geben und die Kohlrabi darauf anrichten.

🕐 **Mittagessen**

Lauch im Schinkenmantel ◐

(4 Portionen)

Man braucht:

8 mittlere Lauchstangen
250 ml Fleischbrühe
8 Scheiben gekochter Schinken
1/2 EL Butter
100 g Schmand
Salz, schwarzer Pfeffer a. d. Mühle
200 g geriebener mittelalter Gouda

So wird's gemacht:

1. Den Lauch putzen und die obersten grünen Blattenden abschneiden. Die Stangen gründlich waschen.
2. Die Brühe in einem großen Topf zum Kochen bringen und die Lauchstangen hineinlegen. Zugedeckt 15 Minuten bei mäßiger Hitze garen.
3. Den Lauch herausnehmen und jede Stange mit einer Schinkenscheibe umwickeln.
4. Eine Auflaufform mit Butter ausfetten, und den eingewickelten Lauch hineinlegen.
5. Den Schmand in die Fleischbrühe rühren, mit Salz und Pfeffer würzen und über die Lauchstangen gießen. Zum Abschluss den Käse darüber verteilen.
6. Im vorgeheizten Backofen bei 180 Grad (Gas 3, Umluft 180 Grad ohne Vorheizen) 10 Minuten überbacken.

Tipp:

Dazu schmeckt ein frischer Salat mit neutralen oder eiweißhaltigen Zutaten.

🕐 **Mittagessen**

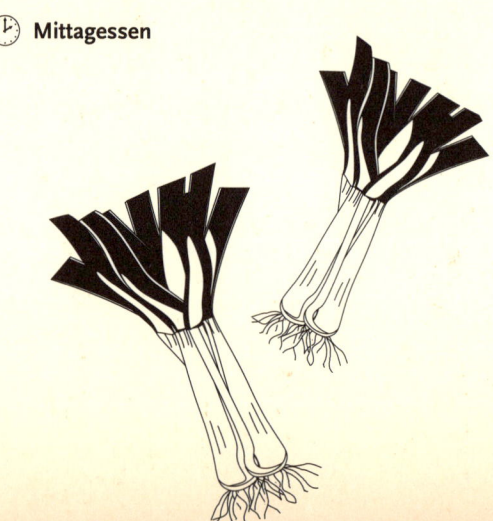

Zucchini mit Knoblauchsauce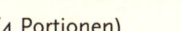

(4 Portionen)

Man braucht:

250 g mehlige Kartoffeln

800 g Zucchini

Salz, schwarzer Pfeffer a. d. Mühle

ca. 100 g Mehl

11 EL Olivenöl

4 Knoblauchzehen

Salz

4 EL Essig

So wird's gemacht:

1. Die Kartoffeln waschen, schälen und in Salzwasser gar kochen, dann unbedingt erkalten lassen oder bereits am Vortag kochen.

2. Die Zucchini waschen, putzen und in etwa 5 mm dicke Scheiben schneiden. Die Scheiben mit Salz und Pfeffer bestreuen und in dem Mehl wenden.

3. Etwa 3–4 EL Olivenöl in einer beschichteten Pfanne erhitzen und die Zucchinischeiben darin von beiden Seiten braten.

4. Die Knoblauchzehen durch die Presse drücken.

5. Die Kartoffeln mit dem restlichen Olivenöl, Salz, Knoblauch und Essig in einen Rührbecher geben und mit dem Schneidstab zu einer cremigen Sauce pürieren. Falls die Masse zu zäh ist, etwas Öl und Essig hinzufügen. Abschließend nochmals mit Salz abschmecken.

Tipp:

Die Knoblauchsauce sollte kalt zum heißen Gemüse gereicht werden. Daher ist anzuraten, sie vor den Zucchini zuzubereiten und kalt zu stellen.

🕐 **Mittagessen, Abendessen**

Grillkartoffeln mit Dipp 🌾

(4 Portionen)

Man braucht:

4 große Kartoffeln

1 EL Sonnenblumenöl

1 TL Kümmel

1 TL Majoran

1 TL Liebstöckel

1 Salatgurke

1 Avocado

1 Frühlingszwiebel

175 g Naturjoghurt (3,5 % Fett)

175 ml Buttermilch

2 Knoblauchzehen

Salz

Alufolie

So wird's gemacht:

1. Die Kartoffeln mit Schale in einem Topf mit wenig Wasser etwa 8 Minuten vorgaren. Anschließend die Knollen längs halbieren und die Schnittflächen mit dem Öl bestreichen. Kümmel, Majoran und Liebstöckel über die Kartoffeln streuen. Die jeweiligen Hälften wieder zusammensetzen und jede einzelne Kartoffel doppelt in Alufolie einwickeln.

2. Unter dem Grill die Kartoffeln etwa 45 bis 55 Minuten grillen.

3. In der Zwischenzeit die Gurke schälen und fein würfeln. Die Avocado ebenfalls schälen, halbieren, den Kern herauslösen und die Hälften in kleine Würfel schneiden. Die Frühlingszwiebel putzen, waschen und in feine Ringe schneiden.

4. Den Joghurt und die Buttermilch mit einem Schneebesen glatt rühren und das vorbereitete Gemüse hinzufügen.

5. Die Knoblauchzehen schälen, durch die Presse drücken und unter den Dipp rühren. Anschließend mit Salz abschmecken.

6. Nach dem Ende der Grillzeit die Kartoffeln aus der Folie wickeln und eventuell an der Schnittstelle erneut einschneiden, vorsichtig auseinander drücken und den Dipp darüber verteilen.

Tipp:

Dazu eignet sich ein knackiger Blattsalat.

 **Mittagessen, Abendessen**

Pilze in Knoblauchbutter ⊖

(4 Portionen)

Man braucht:
_____

2–3 Knoblauchzehen

100 g weiche Butter

Salz, schwarzer Pfeffer a. d. Mühle

1 EL gehackte Petersilie

24 Champignons

1 EL Butter
_____

So wird's gemacht:

1. Die Knoblauchzehen schälen, durch die Presse drücken und unter die weiche Butter ziehen. Salz, Pfeffer und fein gehackte Petersilie unterrühren.

2. Die Champignons putzen und die Stiele entfernen. 1 EL Butter zerlassen, die Champignonköpfe außen damit bestreichen und mit der Lamellenseite nach oben auf ein gefettetes Backblech oder eine feuerfeste Form nebeneinander legen.

3. Mit einem Teelöffel etwas Knoblauchbutter in die Champignonköpfe geben und bei 200 Grad im vorgeheizten Ofen (Gas 4, Umluft 190 Grad ohne Vorheizen) etwa 10 Minuten überbacken.

Tipp:

Dazu schmeckt Stangenweißbrot, was die neutralen Knoblauchpilze allerdings zu einer Kohlenhydratmahlzeit macht.

🕐 **Mittagessen, Abendessen**

Würzige Ofenkartoffeln mit Tsatsiki 🌾

(4 Portionen)

Man braucht für die Kartoffeln:

800 g Kartoffeln

9 EL Sonnenblumenöl

3 EL Basilikum

2 EL Salbei

3 EL Majoran

2–3 Knoblauchzehen

2 TL Paprika rosenscharf

Salz

für das Tsatsiki:

200 g Naturjoghurt (3,5 % Fett)

200 g Quark (40 % Fett i. Tr.)

1 1/2 EL Olivenöl

2 Knoblauchzehen

300 g Salatgurke

Salz

So wird's gemacht:

1. Die Kartoffeln waschen, gut abtrocknen und mit der Schale in etwa 1 cm dicke Scheiben schneiden.

2. Sonnenblumenöl, gehacktes Basilikum, Salbei und Majoran miteinander vermischen. Die Knoblauchzehen schälen und durch die Presse drücken, zusammen mit Paprika und Salz unter das Kräuteröl rühren.

3. Die Kartoffelscheiben mit dem Würzöl bestreichen und auf einem Backblech verteilen. Im vorgeheizten Ofen bei 200 Grad (Gas 4, Umluft 190 Grad ohne Vorheizen) die Kartoffeln etwa 45 Minuten backen.

4. In der Zwischenzeit für das Tsatsiki Joghurt und Quark mit einem Schneebesen glatt rühren. Das Olivenöl gut unterrühren.

5. Die Knoblauchzehen schälen und durch die Presse drücken. Die Salatgurke schälen und mit einer Reibe grob raspeln. Knoblauch und Gurkenraspeln in den Joghurtquark rühren und mit Salz abschmecken.

6. Das Tsatsiki zu den heißen Kartoffelscheiben servieren.

🕐 **Mittagessen, Abendessen**

Gemüse-Ratatouille ◖

(4 Portionen)

Man braucht:

500 g Auberginen
250 g Zucchini
250 g Tomaten
1 rote Paprika
1 grüne Paprika
1 gelbe Paprika
100 g Stangensellerie, ersatzweise Knollensellerie
80 g Zwiebeln
3 Knoblauchzehen
5 EL Olivenöl
120 ml Weißwein
1 Lorbeerblatt
1 TL Thymian
2 TL Petersilie
Salz, weißer Pfeffer a. d. Mühle
250 ml Fleischbrühe oder Gemüsebrühe

So wird's gemacht:

1. Die Auberginen waschen, den Stielansatz abschneiden, die Früchte längs halbieren und in gleichmäßige Würfel schneiden. Die Zucchini waschen und in etwa 0,5 cm dicke Scheiben schneiden.

2. Die Tomaten kurz mit kochendem Wasser überbrühen, häuten, halbieren, die Stielansätze herausschneiden und das Fruchtfleisch grob würfeln.

3. Die Paprikaschoten waschen, halbieren und entkernen. Die Stangen- oder Knollensellerie waschen. Beide Gemüse gleichmäßig würfeln.

5. Die Zwiebeln schälen und ebenfalls fein würfeln, den Knoblauch schälen und in feine Scheiben schneiden.

6. In einem großen Topf das Olivenöl erhitzen und Zwiebeln und Knoblauch darin andünsten. Selleriewürfel, Weißwein, Lorbeerblatt, Thymian und Petersilie zugeben und alles mit Salz und Pfeffer würzen. Etwa 3–4 Minuten dünsten lassen.

7. Das klein geschnittene Gemüse zugeben und untermengen. Die Brühe angießen und die Flüssigkeit bei geschlossenem Deckel und mäßiger Hitze zur Hälfte einkochen lassen.

Je nach Geschmack das Gemüse etwa 1/2 bis 1 Stunde schmoren lassen.

8. Die Ratatouille vor dem Servieren mit Petersilie bestreuen.

🕐 **Mittagessen**

Gemüseschmortopf mit geschmolzenem Käse

(4 Portionen)

Man braucht:

4 Tomaten

1 gelbe Paprika

1 rote Paprika

1 grüne Paprika

2 Zucchini

1 Aubergine

1 Zwiebel

1 Knoblauchzehe

2 EL Olivenöl

125 ml Gemüsebrühe

1 TL Thymian

1 TL Rosmarin

Salz, schwarzer Pfeffer a. d. Mühle

4 dünne Scheiben Gouda oder Emmentaler

So wird's gemacht:

1. Die Tomaten mit kochendem Wasser kurz überbrühen, häuten und würfeln. Die Paprikaschoten, Zucchini und Aubergine waschen, putzen und in feine Streifen bzw. Würfel schneiden.

2. Die Zwiebel und den Knoblauch schälen und beides fein würfeln. In einem großen Topf das Olivenöl erhitzen.

3. Zwiebel- und Knoblauchwürfel darin andünsten, dann das vorbereitete Gemüse dazugeben und kurz anbraten. Mit der Brühe ablöschen. Mit den Kräutern, Salz und Pfeffer würzen und bei geschlossenem Deckel und mäßiger Hitze 30 Minuten schmoren lassen.

4. Das Gemüse mit den Käsescheiben belegen und zugedeckt weitere 7 Minuten schmoren, bis der Käse geschmolzen ist.

🕐 **Mittagessen**

Gefüllte Auberginen ◗

(4 Portionen)

Man braucht:

4 mittelgroße Auberginen

15 EL Olivenöl

Salz, schwarzer Pfeffer a. d. Mühle

3 Eier

4 Tomaten

1 Zwiebel

300 g Mozzarella

2 EL Pinienkerne*

2 EL Petersilie

So wird's gemacht:

1. Die Auberginen putzen, waschen und längs halbieren. Mit einem scharfen Messer so weit aushölen, dass die Frucht nicht zusammenfällt. Das Fruchtfleisch 10 Minuten in kaltes Salzwasser einlegen. Die Auberginenhälften mit Olivenöl ausstreichen, mit Salz und Pfeffer bestreuen und in eine Auflaufform legen. Im vorgeheizten Backofen bei 200 Grad (Gas 4, Umluft 180 Grad) 10 Minuten vorbacken.

2. In der Zwischenzeit die Eier hart kochen, abschrecken, schälen und fein würfeln.

3. Die Tomaten mit kochendem Wasser überbrühen, häuten, entkernen und das Fruchtfleisch ebenfalls würfeln.

4. Die Zwiebel schälen und fein würfeln. Das Auberginenfleisch trocken tupfen und fein hacken. In einer Pfanne das restliche Olivenöl erhitzen, die Zwiebel darin andünsten, anschließend Tomaten und Auberginen hinzufügen und kurz mitdünsten.

5. Den Mozarella klein würfeln und zusammen mit den Eiern und Pinienkernen unter das Gemüse in der Pfanne mengen. Die Petersilie darüber streuen und abschmecken.

6. Die Masse gleichmäßig auf die Auberginenhälften verteilen und weitere 15 Minuten backen.

Tipp:

Dazu passt ein Blattsalat mit Balsamico-Vinaigrette.

 Mittagessen

Hackbällchen mit Gemüse

(4 Portionen)

Man braucht für die Hackbällchen:

2 Möhren

1 Zwiebel

500 g Rinderhackfleisch

2 Eigelb

Salz

2 EL Kräuter der Provence

1 EL Olivenöl

1 EL Butter

für das Gemüse:

3 Frühlingszwiebeln

5 Möhren

2 Zucchini

2 EL Butter

150 ml Wasser

1 EL Gemüsebrühe

1 EL Petersilie

So wird's gemacht:

1. Die beiden Möhren für die Hackbällchen schälen und fein reiben. Die Zwiebel schälen und sehr fein würfeln.

2. Das Hackfleisch in eine Schüssel geben und mit Eigelb, Salz, Zwiebelwürfeln und Möhrenraspeln sowie den Kräutern der Provence gut verkneten. Das zubereitete Hackfleisch einige Zeit durchziehen lassen.

3. In der Zwischenzeit die Frühlingszwiebeln putzen und in Ringe schneiden. Die Möhren schälen und in 2 mm dünne Scheiben schneiden. Die Zucchini putzen und in feine Scheiben hobeln.

4. In einem Topf die Butter zerlassen und das Gemüse darin anbraten. 150 ml Wasser beigeben und alles mit der Gemüsebrühe abschmecken. Zugedeckt das Gemüse 10 bis 15 Minuten bei mäßiger Hitze schmoren lassen.

5. Aus der Fleischmasse Frikadellen formen. Butter und Olivenöl in einer beschichteten Pfanne erhitzen und die Fleischbällchen von beiden Seiten braten, bis sie schön gebräunt sind.

6. Das Gemüse mit der Petersilie bestreuen und zu den Frikadellen servieren.

Mittagessen

Ungarischer Paprikagulasch ◖

(4 Portionen)

Man braucht:

300 g Rindfleisch (z. B. Rindersteaks aus der Tiefkühltruhe)
1 Zwiebel
1 rote Paprika
1 grüne Paprika
4 EL Sonnenblumenöl
2 EL Paprika edelsüß
1/2 TL Cayennepfeffer
1 kg reife Tomaten
2 Knoblauchzehen
1 TL Koriander
1 TL Rosmarin
1 TL Thymian
1 TL Kümmel
2 Lorbeerblätter
2 EL Gemüsebrühe
6 EL Sahne

🕐 **Mittagessen**

So wird's gemacht:

1. Das Fleisch in Würfel schneiden.
2. Die Zwiebel schälen und in gleichmäßige Ringe schneiden.
3. Die Paprika waschen, die Kerngehäuse entfernen und die Schoten in feine Streifen schneiden.
4. Das Sonennblumenöl in einem Bräter erhitzen, die Fleischwürfel darin scharf anbraten. Die Zwiebelringe hinzufügen und glasig dünsten. Danach die Paprikastreifen dazugeben und Fleisch und Gemüse mit Paprika und Cayennepfeffer würzen.
5. Den Stielansatz der Tomaten mit einem spitzen Messer entfernen und die Früchte mit dem Schneidstab pürieren. Das Tomatenmus zu dem Fleisch geben.
6. Die Knoblauchzehen schälen und durch die Presse drücken. Knoblauch, Kräuter und Gemüsebrühe zu dem Gulasch geben, der nun zugedeckt und unter gelegentlichem Umrühren für 1 Stunde bei mäßiger Hitze schmoren soll. Kurz vor dem Servieren die Lorbeerblätter entfernen und die Sahne unterrühren.

Hackfleischterrine mit Spinat ◖

(4 Portionen)

Man braucht:

1 Zwiebel

1 EL Butter

300 g Rinderhackfleisch

Salz

1/2 TL Cayennepfeffer

1/2 TL Muskatnuss

600 g Rahmspinat

150 g süße Sahne

100 ml Wasser

2 Eier

50 g geriebener Parmesan

So wird's gemacht:

1. Die Zwiebel schälen und fein würfeln. In einer Pfanne die Butter erhitzen und die Zwiebelwürfel darin andünsten. Das Hackfleisch hinzufügen, scharf anbraten und zerkrümeln. Mit Salz, Cayennepfeffer und Muskatnuss würzen.

2. Den Spinat zur Hälfte in einer Auflaufform verteilen, darauf die Hälfte des Hackfleisches geben. Anschließend wieder Spinat darüber verteilen und mit dem restlichen Hackfleisch abschließen.

3. Die Sahne mit dem Wasser und den beiden Eiern gut verquirlen, den geriebenen Parmesan unterrühren und die Sauce über den Auflauf gießen. Den Auflauf bei 180 Grad (Gas 2–3, Umluft 180 Grad ohne Vorheizen) 20 Minuten überbacken.

🕐 **Mittagessen**

Geschmortes Hähnchen mit buntem Paprikagemüse ◌

(4 Portionen)

Man braucht:

1 Hähnchen
Salz, schwarzer Pfeffer a. d. Mühle
2 große Zwiebeln
2 Knoblauchzehen
1 rote Paprika
1 grüne Paprika
1 gelbe Paprika
6 mittelgroße Tomaten
2 EL Butter
2 EL Schmand
Salz, schwarzer Pfeffer a. d. Mühle

So wird's gemacht:

1. Das Hähnchen unter kaltem Wasser gründlich waschen und mit einem sauberen Küchentuch oder Küchenkrepp trocken tupfen. Mit der Geflügelschere das Hähnchen zerlegen. Die Fleischstücke mit wenig Salz und Pfeffer einreiben.

2. Die Zwiebeln schälen und in Würfel schneiden. Den Knoblauch schälen und in feine Scheiben schneiden. Die Paprikaschoten waschen, die Kerngehäuse entfernen und in Streifen schneiden. Die Tomaten mit siedendem Wasser kurz überbrühen, häuten und in grobe Würfel schneiden

3. In einem großen Topf die Butter erhitzen und die Hähnchenteile von allen Seiten kurz anbraten. Die Zwiebelwürfel dazugeben und 2 Minuten mitdünsten, dann die Tomatenwürfel hinzufügen und alles etwa 10 Minuten zugedeckt bei mäßiger Hitze kochen lassen. Die Paprikastreifen in den Hähnchentopf geben und weitere 15–20 Minuten zugedeckt schmoren lassen.

4. Am Ende der Garzeit den Schmand unterrühren und mit Salz und Pfeffer abschmecken.

🕐 **Mittagessen**

Lammtopf mit Roten Beeten und Pfifferlingen 🥚

(4 Portionen)

Man braucht:

1 Zwiebel

400 g Lammfleisch

150 g Pfifferlinge

2 EL Sonnenblumenöl

1 TL Kümmel

1 Lorbeerblatt

3 Wacholderbeeren

500 ml Gemüsebrühe

1/2 Weißkohl

1 Glas Rote Beete

4 EL Schmand

So wird's gemacht:

1. Die Zwiebel schälen und in feine Ringe schneiden. Das Fleisch in größere Würfel schneiden. Die Pfifferlinge gründlich putzen und waschen.

2. In einem großen Topf das Öl erhitzen, und die Zwiebel darin andünsten. Die Fleisch-stücke dazugeben und von allen Seiten kräf-tig anbraten. Nun die Pfifferlinge hinzufügen und mitbraten. Die Gewürze zu dem Fleischtopf geben und die Gemüsebrühe angießen. Zugedeckt bei mittlerer Hitze 30 Minuten schmoren lassen.

3. In der Zwischenzeit den Weißkohl säubern und mit einer Reibe grob raspeln. Die Roten Beete in 5 mm dicke Scheiben schneiden. Das Gemüse zum Fleisch geben und alles bei geschlossenem Deckel weitere 20 Minuten schmoren lassen.

4. Den Lammtopf mit je einem Klecks Schmand auf den Tellern servieren

🕐 **Mittagessen**

Hühnerfrikassee ◐

(4 Portionen)

Man braucht:

1 Huhn oder Hähnchen

(1 Tag vorher auftauen lassen)

1 Bund Suppengrün

8 Pfefferkörner

3 Lorbeerblätter

250 g Spargel

2 EL Butter

1 Zwiebel

200 g Champignons

Salz, weißer Pfeffer a. d. Mühle

3 Möhren

150 g Erbsen a. d. Dose

200 g Schmand

1/2 Bund Petersilie

2–3 EL Zitronensaft

Salz, weißer Pfeffer a. d. Mühle

So wird's gemacht:

1. Das Hähnchen unter kaltem Wasser gründlich waschen und mit einem sauberen Küchentuch oder Küchenkrepp trocken tupfen.

2. Das Huhn zusammen mit dem geputzen, aber nicht zerkleinerten Suppengrün, den Pfefferkörnern und den Lorbeerblättern in einem Topf mit Salzwasser etwa 1 1/2 Stunden zugedeckt köcheln lassen. Das Huhn sollte gerade mit Brühe bedeckt sein.

3. Den Spargel großzügig schälen, die möglicherweise holzigen Enden abschneiden. Den Spargel in einem hohen, schmalen Topf mit Salzwasser bedeckt etwa 20 Minuten kochen lassen. Lässt sich eine Gabel leicht in die Stangen stechen, ist der Spargel gar.

4. Die Butter in einer Pfanne auslassen. Die Zwiebel schälen, klein würfeln und in der Butter glasig dünsten.

5. Die Champignons abreiben, die Stiele putzen, in Scheiben schneiden und in der Zwiebelpfanne etwa 15 Minuten offen dünsten. Mit Salz und Pfeffer würzen.

6. Die Möhren putzen, in schmale Scheiben schneiden und in wenig Salzwasser circa 10 Minuten dünsten. Die Erbsen hinzugeben und weitere 3 Minuten erwärmen.

7. Das Huhn aus der Hühnerbrühe herausnehmen, das Fleisch von den Knochen lösen und in mundgerechte Stücke zerteilen.

8. Den Spargel aus dem Kochwasser auf einen Teller legen und in 4 cm große Stücke zerteilen.

9. 3 Kellen Hühnerbrühe in eine große Pfanne schöpfen, den Schmand und die gehackte Petersilie hineinrühren und mit Zitronensaft, Salz und Pfeffer abschmecken.

10. Nun Gemüse und Fleisch in der Sauce erwärmen und bei kleiner Flamme ohne Deckel etwas einkochen lassen.

🕐 **Mittagessen**

Lammfleisch mit grünen Bohnen ◐

(4 Portionen)

Man braucht:

600 g Lammfleisch

1 große Zwiebel

2 EL Sonnenblumenöl

2 Knoblauchzehen

750 ml Gemüsebrühe

1 TL Rosmarin

1 TL Salbei

1 kg grüne Bohnen

1 TL Bohnenkraut

Salz

So wird's gemacht:

1. Das Lammfleisch in mundgerechte Stücke schneiden. Die Zwiebel schälen und in feine Würfel schneiden. In einem großen Topf das Öl erhitzen und die Fleischstücke kurz darin anbraten. Die Zwiebelwürfel dazugeben und mitbraten.

2. Die Knoblauchzehen schälen und durch die Presse drücken. Die Gemüsebrühe angießen. Rosmarin, Salbei und Knoblauch untermengen. Den Lammtopf zugedeckt bei mäßiger Hitze 30 Minuten schmoren lassen.

3. In der Zwischenzeit die Bohnen putzen und waschen. Je nach Länge die Bohnen dritteln oder halbieren und mit dem Bohnenkraut zu dem Fleisch geben. Weitere 20–25 Minuten schmoren lassen. Am Ende der Garzeit mit wenig Salz nochmals abschmecken.

🕐 **Mittagessen**

FISCHGERICHTE

Marinierte Kabeljaufilets mit Paprikasalat ◯

(4 Portionen)

Man braucht:

2 EL Zitronensaft

Salz, weißer Pfeffer a. d. Mühle

2 EL Olivenöl

600 g Kabeljaufilets

1 rote Paprikaschote

1 grüne Paprikaschote

1 gelbe Paprikaschote

1 EL Petersilie

So wird's gemacht:

1. Den Zitronensaft mit Salz und Pfeffer würzen und das Olivenöl unterrühren. Die Fischfilets mit einem Teil der Marinade bestreichen und zugedeckt etwa 30 Minuten ziehen lassen.

2. Die Paprika putzen, halbieren. Die Schoten mit der Hautoberseite auf ein Backblech legen und unter dem Grill so lange braten, bis die Haut sich dunkel verfärbt. Anschließend die Paprikahälften mit einem feuchten Küchentuch abdecken und abkühlen lassen. Dann die Haut abziehen, die Schoten in feine Streifen schneiden und mit der restlichen Marinade mischen.

3. Die Kabeljaufilets auf einen eingeölten Grillrost legen (ein Backblech zum Auffangen des Saftes darunter legen) und 10 Minuten grillen. Die Petersilie über die Paprika streuen, und den Salat zu den Fischfilets servieren.

🕐 **Mittagessen**

Seelachsfilets in Orangen-Sahne-Sauce

(4 Portionen)

Man braucht:

600 g Seelachsfilets

Salz

2 EL Butter

140 ml frisch gepresster Orangensaft

1/2 TL Cayennepfeffer

4 EL süße Sahne

1 EL Petersilie

So wird's gemacht:

1. Die Seelachsfilets rechtzeitig auftauen, anschließend mit Salz bestreuen. In einer Pfanne die Butter erhitzen und die Filets von beiden Seiten etwa 4–5 Minuten braten.

2. Den Orangensaft hinzufügen und mit dem Cayennepfeffer leicht scharf würzen. Zum Schluss die Sahne unterrühren und die Sauce mit Salz abschmecken. Die Fischpfanne mit der Petersilie garnieren.

🕐 **Mittagessen**

Fischpfanne ◖

(4 Portionen)

Man braucht:

1 rote Paprikaschote

1 Stange Lauch

1 Möhre

1 EL Butter

100 ml Gemüsebrühe

500 g Rotbarschfilets

1 TL Zitronensaft

Salz

2 EL süße Sahne

2 EL Petersilie

So wird's gemacht:

1. Die Paprikaschote waschen, halbieren und das Kerngehäuse entfernen. Anschließend die Schote in feine Würfel schneiden. Den Lauch putzen, waschen und in Ringe schneiden. Die Möhre schälen, putzen und in Scheiben schneiden. Die Butter in einer Pfanne erhitzen und das Gemüse anbraten.

Die Gemüsebrühe angießen und alles 5 Minuten dünsten.

2. Die Fischfilets in größere Stücke schneiden, mit dem Zitronensaft beträufeln und salzen. Das Gemüse in der Pfanne an den Rand schieben, den Fisch hineingeben und unter einmaligem Wenden etwa 8–10 Minuten garen.

3. Das Gemüse mit der Sahne verfeinern, die Petersilie darüber streuen und servieren.

🕐 **Mittagessen**

Gemüseallerlei mit Seelachs ◖

(4 Portionen)

Man braucht:

200 g Auberginen

2 rote Paprika

1 Zucchini

1 EL Olivenöl

6 reife Tomaten

2 Knoblauchzehen

1 TL Kräuter der Provence

2 TL Gemüsebrühe

400 g Seelachsfilets

4 EL süße Sahne

1 Spritzer trockener Weißwein

2 EL Petersilie

So gelingt's:

1. Die Auberginen putzen, waschen und in Würfel schneiden. Die Paprikaschoten waschen, halbieren, das Kerngehäuse entfernen und in Würfel schneiden. Die Zucchini nach dem Waschen ebenfalls in Würfel schneiden.

In einem großen Topf das Olivenöl erhitzen und das Gemüse darin anbraten.

2. Den Stielansatz aus den Tomaten schneiden und die Früchte mit dem Schneidstab pürieren. Das Tomatenpüree durch ein Sieb streichen und zum Gemüse geben.

3. Die Knoblauchzehen schälen, durch die Presse drücken und mit den Kräutern der Provence und der Brühe zu dem Gemüse geben.

4. Die Fischfilets in etwa 12 gleich große Stücke schneiden. Diese zum Gemüse geben, vorsichtig unterheben und zugedeckt bei mäßiger Hitze 6–8 Minuten garen lassen.

5. Die Sahne vorsichtig unterrühren, das Gericht mit einem Schuss Weißwein abschmecken und mit der Petersilie garnieren.

🕐 **Mittagessen**

Lachsfilets mit Kohlgemüse ◖

(4 Portionen)

Man braucht:

250 g Blumenkohl

250 g Brokkoli

2 Möhren

250 ml Wasser

4 Lachsfilets

Salz

2 EL Sonnenblumenöl

1 1/2 EL Butter

So wird's gemacht:

1. Blumenkohl und Brokkoli in kleine Röschen teilen. Die Brokkolistiele schälen, der Länge nach vierteln und in Stücke schneiden. Die Möhren schälen und in dünne Scheiben schneiden.

2. Die Brokkolistiele in leicht gesalzenem Kochwasser 5 Minuten garen. Dann das restliche Gemüse hinzufügen und weitere 8–10 Minuten zugedeckt bei mittlerer Hitze dünsten.

3. Die Lachsfilets mild salzen. Das Öl in einer Pfanne erhitzen und die Filets bei mittlerer Hitze etwa 8 Minuten und unter einmaligem Wenden braten. Die Filets herausnehmen und auf die Teller verteilen.

4. Das Gemüse mit der Schaumkelle aus dem Topf nehmen, abtropfen lassen und auf die Teller verteilen. In der Fischpfanne die Butter erhitzen, zart bräunen und über das Gemüse geben.

🕐 **Mittagessen**

Fischsuppe ◐

(4 Portionen)

Man braucht:

10 Tomaten

1 Stange Lauch

3 Möhren

300 ml Wasser

600 g Kabeljaufilet

3 TL Gemüsebrühe

1/2 TL Cayennepfeffer

70 ml Sahne

2 EL Petersilie

So wird's gemacht:

1. Die Tomaten in siedendem Wasser kurz überbrühen, häuten, die Stielansätze herausschneiden und das Fruchtfleisch mit dem Schneidstab pürieren. Das Tomatenpüree in einen Topf geben.

2. Den Lauch putzen, gründlich waschen und in feine Ringe schneiden. Die Möhren schälen und in feine Würfel schneiden. Beides zum Tomatenpüree geben. Das Gemüse etwa 8 Minuten bei mäßiger Hitze in 300 ml Wasser kochen lassen.

3. Die Fischfilets in Stücke schneiden und zu der Suppe geben. Mit der Gemüsebrühe und dem Cayennepfeffer abschmecken. Weitere 10 Minuten leicht kochen lassen. Zum Schluss die Sahne unterrühren und die Suppe mit Petersilie bestreuen.

🕐 **Mittagessen**

Gebackene Riesengarnelen an Feldsalat ◐

(4 Portionen)

Man braucht für die Garnelen:

3 EL Olivenöl

2 Knoblauchzehen

700 g Riesengarnelen

Salz, schwarzer Pfeffer a. d. Mühle

Zitrone

4 EL gehackte Petersilie

für den Salat:

150-200 g (1 Schale) Feldsalat

1 EL Zitronensaft

4 EL Olivenöl

Salz, schwarzer Pfeffer a. d. Mühle

So wird's gemacht:

1. Das Öl in einer Pfanne erhitzen.
2. Die Knoblauchzehen schälen und in das heiße Öl pressen.
3. Die Garnelen unter fließendem Wasser abspülen und in das Knoblauchöl geben. Bei mittlerer Hitze etwa 10 Minuten unter gelegentlichem Wenden braten, bis die Garnelen sich zusammenrollen. Mit Salz und Pfeffer abschmecken.
4. In der Zwischenzeit den Salat waschen, trocknen und die Wurzeln abschneiden.
5. Eine Vinaigrette aus Zitronensaft, Olivenöl, Salz und Pfeffer rühren und den Salat darin wenden.
6. Die Zitrone heiß abwaschen und trocken reiben. Die eine Hälfte in 6 Spalten schneiden.
7. Auf einer großen Platte in der Mitte den Salat anrichten, die Garnelen darum verteilen und die Zitronenspalten dazwischen legen.
8. Den Saft der anderen Zitronenhälfte über die Garnelen träufeln und die gehackte Petersilie darüber streuen.
9. Die Garnelen an Feldsalat servieren, solange sie heiß sind.

Bandnudeln mit Sahnechampignons 🌾

(4 Portionen)

Man braucht:

1 El Sonnenblumenöl

400 g Bandnudeln

2 Zwiebeln

1 Knoblauchzehe

40 g Butter

800 g Champignons

100 ml süße Sahne

200 ml Gemüsebrühe

1/2-1 EL Mehl

Salz, weißer Pfeffer a. d. Mühle

1/2 Bund Petersilie

So wird's gemacht:

1. Reichlich gesalzenes Nudelwasser mit dem Öl zum Kochen bringen und die Nudeln darin al dente kochen.

2. Zwiebeln und Knoblauchzehe schälen und grob hacken. In einer Pfanne die Butter erhitzen und zuerst die Zwiebeln darin glasig dünsten.

3. In der Zwischenzeit die Champignons abreiben, die Stiele putzen und in Scheiben schneiden. Die gehackte Knoblauchzehe nun zusammen mit den Champignons zu den Zwiebeln in die Pfanne geben und ohne Deckel dünsten.

4. Sahne und Brühe über die Pilze gießen und aufkochen lassen. Das Mehl nach etwa 3 Minuten unter Rühren darüber streuen und weitere 10 Minuten köcheln lassen. Mit Salz und Pfeffer abschmecken.

5. Die Petersilie unter die Champignons rühren. Die Pilze zu den Nudeln servieren.

🕐 **Mittagessen, Abendessen**

Rigatoni mit Auberginen-Paprika-Ragout 🌾

(4 Portionen)

Man braucht:

1 große oder 2 kleine Auberginen

3 bunte Paprikaschoten

6 EL Olivenöl

2 Zwiebeln

2 Knoblauchzehen

1 EL Gemüsebrühe

1 TL Kräuter der Provence

400 g Rigatoni

1 TL Basilikum

Salz (für Nudelwasser)

So wird's gemacht:

1. Die Stielansätze der Aubergine abschneiden, die Frucht der Länge nach vierteln und in kleine Würfel schneiden. Die Paprikaschoten waschen, entkernen und in feine Streifen schneiden.

2. Das Öl in einer großen Pfanne erhitzen.

3. Die Zwiebeln und Knoblauchzehen schälen und grob hacken. Die Zwiebeln im heißen Öl glasig dünsten, anschließend die Knoblauchwürfel kurz mitdünsten.

4. Die Auberginenwürfel in die Pfanne geben und 5 Minuten dünsten. Dann die Paprikastreifen hinzufügen und weitere 10 Minuten gar dünsten. Mit der Gemüsebrühe und den Kräutern der Provence würzen.

5. Währenddessen das gesalzene Nudelwasser zum Kochen bringen, die Rigatoni al dente kochen und anschließend in einem Sieb abgießen. In dem Topf etwas Olivenöl erwärmen, die zweite Knoblauchzehe schälen, ins heiße Öl pressen und die abgetropften Nudeln darin schwenken.

6. Das Basilikum über das Gemüse verteilen und zusammen mit den Nudeln servieren.

🕐 **Mittagessen, Abendessen**

Spätzle mit buntem Sahnegemüse 🌾

(4 Portionen)

Man braucht:

1 kleine Zwiebel
3 EL Butter
2 große Möhren
1 rote Paprikaschote
500 g Spätzle
150 g Erbsen a. d. Dose
150 g Mais a. d. Dose
100 ml süße Sahne
Salz, weißer Pfeffer a. d. Mühle
1/2 Bund Petersilie

So wird's gemacht:

1. Die Zwiebel schälen und würfeln. Währenddessen in einer tiefen Pfanne die Butter erhitzen und die Zwiebelwürfel darin glasig dünsten.

2. Die Möhren putzen, fein würfeln und zugedeckt in der Zwiebelpfanne dünsten.

3. Die Paprikaschote entstielen, entkernen, in feine Streifen schneiden und mit den Möhren zugedeckt etwa 10 Minuten garen lassen. Bei Bedarf etwas Wasser angießen.

4. Das Salzwasser für die Spätzle zum Kochen bringen und diese darin etwa 10 Minuten garen.

5. Die Erbsen und den Mais anschließend in der Gemüsepfanne erwärmen. Die Sahne angießen und mit Salz und Pfeffer abschmecken.

6. Die Petersilie waschen, trocken schütteln, hacken und kurz vor dem Servieren über das Gemüse streuen und unterheben.

7. Spätzle und Sahnegemüse auf 4 Tellern anrichten.

🕐 **Mittagessen, Abendessen**

Spaghetti mit Tomaten-Paprika-Püree 🌾

(4 Portionen)

Man braucht:

400 g Tomaten

1 rote Paprikaschote

1 Knoblauchzehe

1/2 Chilischote

1 EL Olivenöl

Salz, schwarzer Pfeffer a. d. Mühle

Paprika edelsüß

10 schwarze Oliven

50 ml süße Sahne

1 Bund Basilikum

500 g Spaghetti

So wird's gemacht:

1. Das gesalzene Nudelwasser zum Kochen bringen.
2. Die Stielansätze aus den Tomaten herausschneiden und die Früchte vierteln.
3. Die Paprikaschote entstielen, entkernen und ebenfalls vierteln.
4. Die Knoblauchzehe schälen und zusammen mit Paprikaschote, Tomaten, Chilischote und Olivenöl pürieren. Mit Salz, Pfeffer und Paprika abschmecken.
5. Die Oliven entsteinen, klein schneiden und zusammen mit der Sahne unterrühren.
6. Die Basilikumblätter fein hacken – 4 kleine Zweiglein beiseite legen – und ebenfalls unter das Gemüsepüree rühren.
7. Das Püree 10 Minuten ziehen lassen, und währenddessen die Spaghetti im kochenden Wasser al dente garen.
8. Richten Sie Nudeln und Tomaten-Paprika-Püree auf 4 Tellern an und garnieren Sie jeden mit einem Zweiglein Basilikum.

Tipp:

Reichen Sie dazu einen frischen Blattsalat mit einer herzhaften Vinaigrette.

🕐 **Mittagessen, Abendessen**

Brokkoli-Nudel-Auflauf 🌾

(4 Portionen)

Man braucht:

500 g Rigatoni

4 EL Olivenöl

2 große Zwiebeln

2 große Möhren

500 g Brokkoli

1 Knoblauchzehe

Salz, weißer Pfeffer a. d. Mühle

Muskatnuss

2 Eigelb

100 ml süße Sahne

Salz, weißer Pfeffer a. d. Mühle

150 g geriebener Käse (mind. 60 % i. Tr.)

So wird's gemacht:

1. Die Rigatoni nach Anleitung kochen, abgießen und abkühlen lassen.
2. Währenddessen die Zwiebeln schälen, die Möhren putzen und beides fein würfeln. Den Brokkolikopf waschen, in einzelne Röschen zerteilen, den Stiel großzügig schälen und in 0,5 cm dicke Scheiben schneiden.
3. Das Öl in einer großen Pfanne erhitzen.
4. Die Zwiebeln glasig dünsten. Die Knoblauchzehe schälen und durch die Presse zu den Zwiebeln in die Pfanne drücken. Anschließend Möhren und Brokkoli in der Pfanne zugedeckt angaren. Mit Salz, Pfeffer und Muskatnuss würzen. Das Gemüse abkühlen lassen.
5. Eigelb, Sahne, Salz und Pfeffer verquirlen.
6. Den Backofen auf 180 Grad (Gas 3, Umluft 180 Grad ohne Vorheizen) vorwärmen.
7. Eine feuerfeste Form mit etwas Öl fetten und Nudeln und Gemüse lagenweise hineinschichten.
8. Über die letzte Schicht Nudeln die Ei-Sahne-Sauce gießen, darauf noch einmal Gemüse verteilen und mit Käse bestreuen.
9. Im vorgewärmten Ofen etwa 20 Minuten backen lassen, bis der Käse goldbraun ist.

🕐 **Mittagessen, Abendessen**

Spaghetti in Knoblauchkräuteröl mit frischen Tomaten 🌾

(4 Portionen)

Man braucht:

500 g Spaghetti

5 EL Olivenöl

1 Knoblauchzehe

1/2 Bund Basilikum

4 große Tomaten

Salz, schwarzer Pfeffer a. d. Mühle

2 EL Pinienkerne*

geriebener Parmesan

So wird's gemacht:

1. Das gesalzene Nudelwasser zum Kochen bringen. Die Spaghetti etwa 10 Minuten al dente kochen.

2. In der Zwischenzeit das Öl in eine große Schüssel geben und den geschälten Knoblauch hineinpressen. 3 El vom Spaghettiwasser unterrühren.

3. Die Basilikumblätter klein schneiden und dazugeben.

4. Die Stielansätze aus den Tomaten herausschneiden, das Fruchtfleisch klein würfeln und in dem Knoblauchöl wenden. Mit Salz und Pfeffer abschmecken.

5. Die Pinienkerne ohne weiteres Fett in einer Pfanne goldbraun rösten und über die Tomatenwürfel streuen.

6. Die Nudeln abgießen und sofort im Kräuteröl mit den Tomaten vermengen.

7. Jede Portion mit Parmesan bestreuen.

🕐 **Mittagessen, Abendessen**

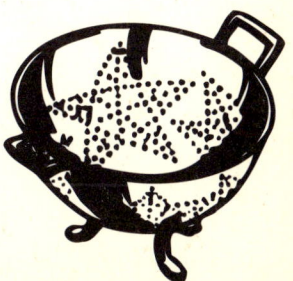

Butternudeln mit Speck und Parmesan 🌾

(4 Portionen)

Man braucht:

500 g Spaghetti

1 EL Olivenöl

10 g Butter

150 g fetter Speck

100 g geriebener Parmesan

6 Eigelb

4 EL süße Sahne

Salz, schwarzer Pfeffer a. d. Mühle

Muskatnuss

So wird's gemacht:

1. Die Spaghetti in reichlich kochendem Salzwasser mit einem Schuss Olivenöl al dente garen.

2. In der Zwischenzeit die Butter auslassen und den klein gewürfelten Speck darin ausbraten.

3. Den geriebenen Käse mit Eigelb, Sahne, Salz, Pfeffer und Muskatnuss verquirlen.

4. Die Nudeln abgießen und in einer großen Schüssel in der Butter mit Speckwürfeln wenden.

5. Die Ei-Käse-Sahnesauce angießen, unter die heißen Nudeln ziehen und sofort servieren.

Tipp:

Reichen Sie dazu einen frischen Blattsalat mit Gemüse der Saison und einer pikanten Vinaigrette.

🕐 **Mittagessen, Abendessen**

Spaghetti mit Pfifferlingen in Sahnesauce 🌾

(4 Portionen)

Man braucht:

500 g Spaghetti

Olivenöl

2 EL Butter

1 kleine Zwiebel

200 g Pfifferlinge

2 Möhren

200 ml süße Sahne

Salz, schwarzer Pfeffer a. d. Mühle

1/2 Bund Petersilie

So wird's gemacht:

1. Die Spaghetti in reichlich kochendem Salzwasser mit einem Schuss Olivenöl al dente garen.

2. In der Zwischenzeit die Butter auslassen und die fein gewürfelte Zwiebel glasig dünsten.

3. Pilze und Möhren putzen. Die Pilze in der Zwiebelbutter etwa 10 Minuten bei geschlossenem Deckel dünsten lassen, dann die fein gehobelten Möhren hinzugeben und weitere 5 Minuten garen. Bei Bedarf etwas Wasser angießen.

4. Die Sahne angießen und mit Salz und Pfeffer abschmecken.

5. Die Petersilie waschen, trocken schütteln, fein hacken, über das Pilzgemüse streuen und unterziehen.

6. Die Pilzpfanne in eine Schüssel geben und die abgegossenen Nudeln darin wenden und servieren.

Tipp:

Reichen Sie dazu einen herzhaften Blattsalat.

🕐 **Mittagessen, Abendessen**

REISGERICHTE

Reispfanne
(4 Portionen)

Man braucht:

1 Tasse Reis

1 1/2 Tassen Wasser

1 Zwiebel

2 Möhren

1 rote Paprika

6 Champignons

1 EL Butter

100 g Erbsen a. d. Dose

1 TL Curry

5 EL Sahne

Salz

So wird's gemacht:

1. Den Reis in 1 1/2 Tassen Wasser Quellen lassen.

2. In der Zwischenzeit die Zwiebel schälen und fein würfeln. Die Möhren schälen und in Scheiben schneiden. Die Paprika waschen, halbieren, das Kerngehäuse entfernen und in Streifen schneiden. Die Champignons putzen und in Scheiben schneiden. In einer Pfanne die Butter erhitzen und das Gemüse darin anbraten. Die Champignons und die Erbsen zugeben.

3. Wenn das Gemüse fast gar ist, den gequollenen Reis zugeben und unter ständigem Rühren mitdünsten, bis kein Gemüsesaft mehr vorhanden ist.

4. Curry und Sahne unterrühren und mit Salz abschmecken.

🕐 **Mittagessen, Abendessen**

Reisauflauf mit Gemüse 🌾

(4 Portionen)

Man braucht:

100 g Reis

Salz

1 Lorbeerblatt

1 Aubergine

1 Zucchini

1 rote Paprikaschote

1/4 Sellerieknolle

2 Möhren

2 EL Butter

1 EL Gemüsebrühe

3 Eigelb

100 g Schmand

100 g geriebener Hartkäse (mind. 60 % Fett i. Tr.)

einige Blättchen Basilikum oder Kerbel

So wird's gemacht:

1. Den Reis in Wasser mit ein wenig Salz und einem Lorbeerblatt kochen.

2. Die Aubergine waschen und in Würfel schneiden, die Zucchini waschen und in Scheiben schneiden, die Paprika waschen, halbieren, das Kerngehäuse entfernen und würfeln, die Sellerie putzen ebenfalls würfeln und die Möhren schälen und in Scheiben schneiden.

3. In einem großen Topf die Hälfte der Butter erhitzen und das Gemüse darin andünsten. Die Gemüsebrühe in wenig Wasser auflösen, an das Gemüse gießen und zugedeckt bei mäßiger Hitze garen, bis die Zutaten fast bissfest sind.

4. Eine große Auflaufform ausfetten. Den fertig gekochten Reis mit dem Gemüse mischen und in die Form füllen.

5. Die Eigelb mit dem Schmand und dem Käse verquirlen, wenig salzen und über den Auflauf gießen. Von der restlichen Butter Flöckchen über das Reis-Gemüse verteilen.

6. Den Auflauf im vorgeheizten Ofen bei 180 Grad (Gas 2–3, Umluft bei 180 Grad ohne Vorheizen) 35 Minuten backen. Die Basilikum- oder Kerbelblättchen darüber streuen und servieren.

🕐 **Mittagessen, Abendessen**

Kräuterreis mit Käse 🌾

(4 Portionen)

Man braucht:

Je ein Bund frische Kräuter nach Belieben

(z. B. Salbei, Petersilie, Kerbel, Minze, etc.)

1 Zwiebel

1 Knoblauchzehe

2 EL Olivenöl

200 g Reis

500 ml Gemüsebrühe

100 g geriebener Hartkäse (mind. 60 % Fett i. Tr.)

So wird's gemacht:

1. Alle Kräuter waschen und fein hacken.
2. Die Zwiebel schälen und in feine Würfel schneiden. Die Knoblauchzehe schälen und durch die Presse drücken. Das Olivenöl in einer großen Pfanne erhitzen und Zwiebel und Knoblauch darin andünsten.
3. Den Reis in die Pfanne geben und kurz anbraten. 1/8 l Brühe angießen und den Reis unter Rühren so lange braten, bis alle Flüssigkeit aufgesogen ist. Dann nochmals 1/8 l Brühe angießen und wiederum kochen lassen, bis die Flüssigkeit vom Reis aufgenommen wurde. Diesen Vorgang wiederholen, bis alle Gemüsebrühe aufgebraucht und der Reis gar ist. Sollte die Brühe aufgebraucht sein, bevor der Reis gar ist, mehr Wasser angießen.
4. Die Kräuter unter den fertigen Reis mischen und das Risotto mit dem Käse servieren.

Tipp:

Dazu schmeckt ein Blattsalat mit buntem Gemüse der Saison und einer pikanten Vinaigrette.

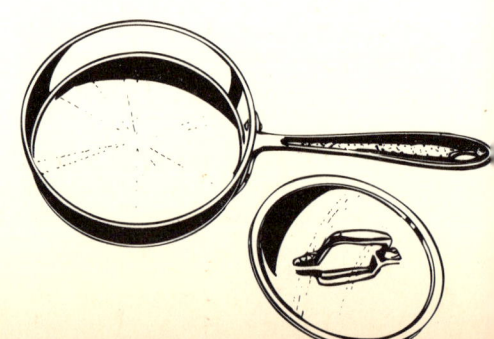

Zucchini mit Gemüse-Reis-Füllung 🌾

(4 Portionen)

Man braucht:

200 g Reis

Salz

1 Lorbeerblatt

1 kg Zucchini

Salz

je ein Bund frische Kräuter (Petersilie, Kerbel, Basilikum oder Salbei)

2 Eigelb

1–2 EL Senf

1 TL Paprika edelsüß

4 TL Majoran

Salz

50 g geriebener Hartkäse (mind. 60 % Fett i. Tr.)

2 Knoblauchzehen

So wird's gemacht:

1. Den Reis in Wasser mit wenig Salz und einem Lorbeerblatt gar kochen.

2. Die Zucchini putzen, waschen und längs halbieren. Die Kerne mit einem Löffel vorsichtig herauskratzen. Die Zucchinihälften leicht salzen und in eine flache Auflaufform legen.

3. Die frischen Kräuter hacken – 1 EL gehackte Petersilie zurückbehalten – und unter den fertigen Reis mischen. Das Lorbeerblatt aus dem Reis nehmen. Eigelb, Senf, Gewürze, Salz und Käse unterrühren.

4. Die Knoblauchzehen schälen, durch die Presse drücken und ebenfalls unter die Reis-Kräuter-Masse mischen. Die Zucchinihälften mit der Reismischung füllen und im vorgeheizten Ofen bei 200 Grad (Gas 3–4, Umluft 180 Grad) 20–30 Minuten backen.

5. Die fertigen Zucchini mit der gehackten Petersilie garnieren und servieren.

🕐 **Mittagessen, Abendessen**

Reis-Brokkoli-Auflauf 🌾

(4 Portionen)

Man braucht:

250 g Reis

Salz

500 g Brokkoli

50 g Butter

2 EL Olivenöl

1 Knoblauchzehe

4 EL geriebener Parmesan

Salz, schwarzer Pfeffer a. d. Mühle

200 g Emmentaler

2 EL Semmelbrösel

So wird's gemacht:

1. Den Reis in Wasser mit wenig Salz kochen.
2. Den Brokkoli waschen und in Röschen zerteilen. Die Stiele in dünne Scheiben schneiden. 1 EL Butter in einem Topf erhitzen, die Stiele hineingeben, kurz andünsten, wenig gesalzenes Wasser angießen und einige Minuten zugedeckt bei mäßiger Hitze garen. Die Röschen ebenfalls dazugeben,

und das Gemüse so lange kochen, bis es fast bissfest ist.

3. Das Kochwasser abgießen und den Brokkoli abtropfen lassen.

4. Das Olivenöl erhitzen. Den Knoblauch durch eine Presse ins Öl drücken, kurz darin anschwitzen, den Brokkoli hinzufügen und im Knoblauchöl schwenken.

5. Den gekochten Reis mit dem geriebenen Parmesan vermengen, mit Salz und Pfeffer abschmecken.

6. Den Käse in dünne Scheiben schneiden.

7. Eine Auflaufform ausfetten und lagenweise Reis, Brokkoli und Käse in die Form schichten; mit dem Käse abschließen.

5. In einer Pfanne die restliche Butter zerlassen, die Semmelbrösel hineingeben, kurz anbraten und anschließend über den Auflauf verteilen.

6. Den Reisauflauf im vorgeheizten Ofen bei 180 Grad (Gas 2–3, Umluft 180 Grad ohne Vorheizen) etwa 15 Minuten überbacken.

Tipp:

Servieren Sie dazu einen knackigen, frischen Salat.

🕐 **Mittagessen, Abendessen**

Curry-Bananen-Reis mit Chicorée 🌾

(4 Portionen)

Man braucht:

200 g Reis
Salz
4 Chicorée
3 Bananen
1/8 l Gemüsebrühe
1 TL Curry
4 EL Sonnenblumenöl
4 EL gehackte Haselnüsse
3 EL Rosinen
Salz

So wird's gemacht:

1. Den Reis in Wasser mit wenig Salz gar kochen.
2. Den Chicorée waschen, den bitteren Strunk keilförmig herausschneiden. Die Stauden längs halbieren und in breite Streifen schneiden.
3. Die Bananen schälen und in Scheiben schneiden.
4. Die Gemüsebrühe mit Curry abschmecken.
5. Das Öl in einer beschichteten Pfanne erhitzen und die Hälfte der Bananen unter Rühren scharf anbraten, bis sie weitgehend zerfallen sind. Die Hitze verringern.
6. Chicoréestreifen, Nüsse, Rosinen und den fertigen Reis in die Pfanne geben, die Curry-Gemüsebrühe angießen und etwa 1 Minute köcheln lassen. Vor dem Servieren die restlichen Bananen darunter heben. Mit Salz abschmecken.

🕐 **Mittagessen, Abendessen**

Champignonrisotto 🌾

(4 Portionen)

Man braucht:

500 g Champignons

2 EL Olivenöl

1 Knoblauchzehe

500 ml Gemüsebrühe

200 g Reis (wenn möglich Risottoreis*)

50 ml süße Sahne

1 EL gehackte Petersilie

100 g Parmesan

So wird's gemacht:

1. Die Champignons putzen und in Scheiben schneiden. Das Olivenöl in einer Pfanne erhitzen und die Champignons darin scharf anbraten, dann zugedeckt garen, bis sie fast bissfest sind.

2. Die Knoblauchzehe schälen und durch die Presse zu den Pilzen drücken.

3. Die Gemüsebrühe zubereiten und aufkochen lassen.

4. Den Reis zu den Champignons geben und so lange anbraten, bis sämtliche Flüssigkeit vom Reis aufgenommen ist. Nun jeweils ein 1/8 l Brühe angießen und unter Rühren so lange kochen lassen, bis wiederum die Flüssigkeit verdampft ist. Diesen Vorgang wiederholen, bis die Brühe aufgebraucht und der Reis gar ist.

5. Die Sahne unterrühren, das Pilzrisotto mit der Petersilie garnieren und servieren. Den geriebenen Parmesan dazu reichen.

🕐 **Mittagessen, Abendessen**

GEBACKENES

Gemüsepizza 🌾
(4 Portionen)

Man braucht für den Teig:

25 g Hefe*
130 ml Wasser
200 g Mehl
1 TL Koriander
1 TL Kümmel
Prise Salz
1 TL Sonnenblumenöl
1 EL Butter

für den Belag:

1 grüne Paprika
1 rote Paprika
1 Fenchelknolle
1 Zwiebel
1 Stange Lauch
1 Knoblauchzehe
1 EL Olivenöl
Salz
1 TL Oregano
1 TL Gemüsebrühe
100 g Käse (mind. 60 % i. Tr.)
3 EL Kräuter (Majoran, Thymian, Petersilie)

So wird's gemacht:

1. Die Hefe im Wasser auflösen und mit der Hälfte des Mehls zu einem Vorteig verrühren. An einem warmen Ort diesen Vorteig mit einem Küchentuch bedeckt gehen lassen. Danach das restliche Mehl mit Koriander, Kümmel, Salz und dem Sonnenblumenöl unterrühren und den Teig so lange kneten, bis er geschmeidig ist.

2. Eine runde Kuchenform (28 cm) mit Butter ausfetten und den Teig gleichmäßig auf dem Boden verteilen. Mit einer Gabel mehrmals einstechen. Anschließend den vorbereiteten Pizzaboden nochmals an einem warmen Ort gehen lassen.

3. In der Zwischenzeit das Gemüse putzen und waschen. Paprika und Fenchelknolle in feine Streifen schneiden, Zwiebel und Lauch in Ringe. Die Knoblauchzehe schälen und durch die Presse drücken. Das Olivenöl in einer großen Pfanne erhitzen, das Gemüse und den Knoblauch darin kurz anbraten und mit Salz und Oregano abschmecken.

4. Das Gemüse auf dem Pizzaboden verteilen, die Gemüsebrühe darüber streuen und die Pizza im vorgeheizten Ofen bei 200 Grad (Gas 3–4, Umluft 180 Grad) etwa 15 Minuten backen.

5. Den Käse auf der Reibe grob raspeln und die Kräuter unterrühren. Die Käse-Kräuter-Mischung über den Gemüsebelag streuen, und die Pizza weitere 8 Minuten backen, bis der Käse goldgelb ist.

Tipp:

Dazu schmeckt ein frischer Salat mit Rohkost aus der neutralen Gruppe.

🕐 **Mittagessen, Abendessen**

Lauchtarte 🌾

(4 Portionen)

Man braucht für den Teig:

250 g Mehl

250 g Butter

250 g Quark

für den Belag:

400 g Lauchstangen

2 EL Sonnenblumenöl

Salz, weißer Pfeffer a. d. Mühle

Muskatnuss

100 g fetter Speck

200 ml süße Sahne

2 Eigelb

Salz, weißer Pfeffer a. d. Mühle

Muskatnuss

So wird's gemacht:

1. Mehl, Butter und Quark zu einem Teig verkneten und kalt stellen.

2. Den Lauch putzen, in feine Ringe schneiden und sehr gründlich waschen.

3. Das Öl in einer großen Pfanne erhitzen und den Lauch zugedeckt etwa 10 Minuten dünsten. Anschließend mit Salz, Pfeffer und Muskat abschmecken und auskühlen lassen.

4. Den Backofen auf 200 Grad (Gas 4, Umluft 180 Grad) vorheizen

5. Den Speck in kleine Würfel schneiden.

6. Den Teig zwischen Frischhaltefolie dünn ausrollen, eine gefettete Spring- oder Tarteform damit auslegen. In einer Springform den Teig am Rand nach oben drücken.

7. Erst die Speckwürfel darauf verteilen und anschließend das Lauchgemüse.

8. Aus Sahne, Eigelb, Salz, Pfeffer und Muskat eine Sauce rühren und gleichmäßig über das Gemüse gießen.

9. Die Tarte im vorgeheizten Ofen etwa 30 Minuten backen, bis sie goldbraun ist.

10. Die Lauchtarte warm servieren.

Gefüllte Teigtaschen mit Feta 🌾

(4 Portionen)

Man braucht:

500 g Mehl

300 ml Wasser

2 TL Salz

250 g Schafskäse

160 ml Olivenöl

8 TL Honig

So wird's gemacht:

1. Das Mehl nach und nach mit dem Wasser und dem Salz zu einem geschmeidigen Teig kneten und 15 Minuten ruhen lassen.

2. Anschließend aus dem Teig 8 gleich große Kugeln formen. In der Mitte eine Mulde formen und je ein Achtel des Fetas hineindrücken. Die Teigkugeln sorgfältig verschließen und darauf achten, dass die Füllung nicht herausquillt. Die Kugeln vorsichtig zu flachen Fladen drücken.

3. Das Olivenöl portionsweise in einer großen Pfanne erhitzen (pro Fladen 1/8 des Öls) und die Teigtaschen nach und nach von beiden Seiten knusprig braun backen. Die fertigen Teigtaschen mit dem Honig bestreichen und warm genießen.

🕐 **Mittagessen, Abendessen**

Herzhaftes Käsegebäck 🌾

Man braucht:

70 g würziger Hartkäse (mind. 60 % Fett i. Tr.)

120 g Mehl

50 g Butter

50 g süße Sahne

1 Eigelb

1 EL Kümmel, Sesam oder Mohn

1 EL Wasser

So wird's gemacht:

1. Den Käse fein reiben und mit Mehl, Butter und Sahne zu einem geschmeidigen Teig verkneten. Den Käseteig auf einer bemehlten Arbeitsfläche zu einer Rolle von etwa 3 cm Durchmesser rollen. Die Teigrolle im Kühlschrank abgedeckt etwa 1 Stunde ruhen lassen.

2. Anschließend die Rolle in etwa 35 gleich dicke Scheiben schneiden und auf einem gefetteten Backblech verteilen.

3. Das Eigelb mit Wasser verquirlen und die Käsetaler damit bestreichen. Je nach Geschmack und Belieben Kümmel, Sesam oder Mohn darüber streuen.

4. Die Plätzchen im vorgeheizten Ofen bei 180 Grad (Gas 3, Umluft 180 Grad ohne Vorheizen) ungefähr 18 Minuten backen.

Tipp:

Man kann den Teig nach dem Zusammenkneten auch zu einer großen Kugel formen. Nach dem Ruhen im Kühlschrank rollt man ihn aus und sticht mit kleinen Formen abwechslungsreiche Käseplätzchen aus. Das Käsegebäck schmeckt als kleiner Snack zu einem kühlen Bier.

🕐 **Abendessen**

Heidelbeertarte 🌾

Man braucht für den Teig:

250 g Mehl

100 Zucker

125 g Butter

1/2 TL Backpulver

1 Eigelb

Prise Salz

für den Belag:

400 g Heidelbeeren

So wird's gemacht:

1. Für den Mürbeteig alle Zutaten zu einem Teig kneten und im Kühlschrank 1/2 Stunde ruhen lassen.

2. Den Backofen auf 180 Grad (Gas 3, Umluft 180 Grad ohne Vorheizen) vorheizen.

3. Anschließend den Teig zwischen Frischhaltefolie ausrollen und eine gefettete Tarte- oder Springform auslegen. In einer Springform den Teig am Rand nach oben drücken und mit einer Gabel mehrmals hineinstechen.

4. Den Tarteboden etwa 30 Minuten im Ofen goldbraun backen.

5. In der Zwischenzeit die Heidelbeeren waschen und in einem Obstsieb gut abtropfen lassen.

6. Die Heidelbeeren auf dem ausgekühlten Tarteboden verteilen und nochmals 5–10 Minuten backen.

Tipp:

Sie können die Heidelbeertarte auch mit Schlagsahne servieren.

Zwiebelkuchen mit Speck 🌾

(4 Portionen)

Man braucht:

250 g Mehl

20 g Hefe*

1 TL Honig

4 EL lauwarmes Wasser

150 ml Wasser

700 g Zwiebeln

1 Möhre

80 g fetter Speck

200 g Schmand

Salz

1 TL Liebstöckel

2 Messerspitzen Cayennepfeffer

Öl zum Ausfetten

So wird's gemacht:

1. Das Mehl in eine Rührschüssel geben und in die Mitte eine Vertiefung drücken. Die Hefe und den Honig im lauwarmen Wasser auflösen und in die Mehlmulde gießen. Die Schüssel mit einem Küchentuch abdecken und 15 Minuten ruhen lassen, bis die Hefe anfängt zu schäumen.

2. Nun das Wasser dazugeben und den Teig gut durchkneten. Weitere 30 Minuten zugedeckt an einem warmen Ort gehen lassen.

3. Die Zwiebeln schälen und in Ringe schneiden. Die Möhre schälen und in sehr kleine Würfel schneiden. Den Speck würfeln und in einer Pfanne bei starker Hitze glasig braten. Die Zwiebelscheiben und die Möhrenwüfel dazugeben und alles unter gelegentlichem Rühren dünsten. Die Pfanne vom Herd nehmen und etwas abkühlen lassen.

4. Den Teig erneut durchkneten, etwas ausrollen und auf dem Boden einer ausgefetteten Kuchenform auslegen. Den Teig an den Rändern etwas hochdrücken.

5. Den Teigboden mit dem Schmand bestreichen.

6. Die Zwiebel-Speck-Mischung mit Salz, Liebstöckel und Cayennepfeffer abschmecken und auf dem Teigboden verteilen.

7. Im vorgeheizten Ofen bei 200 Grad (Gas 3–4,
   Umluft 180 Grad) 35 Minuten backen.

Tipp:

Dazu schmeckt ein frischer, knackiger Salat.

SÜßSPEISEN

Sahnereis mit Nüssen in Honigbutter 🌾
(4 Portionen)

Man braucht:

200 g Milch- oder Rundkornreis

3 EL Pinienkerne*

oder Mandeln

2 EL Butter

4 EL Honig

1 TL Zimt

100 ml süße Sahne

So wird's gemacht:

1. Den Reis nach Anleitung kochen.
2. Falls Mandeln verwendet werden, diese mit kochendem Wasser überbrühen, kurz einweichen lassen, dann aus ihrer Haut herausdrücken und stiften.
3. Die Butter auslassen und Pinienkerne oder Mandeln darin bei geringer Hitze rösten, ohne dass die Butter braun wird. Honig und Zimt unterrühren.
4. An den gekochten Reis die Sahne gießen und zusammen mit den Honignüssen verrühren.
5. Auf vier Schalen verteilen und warm servieren.

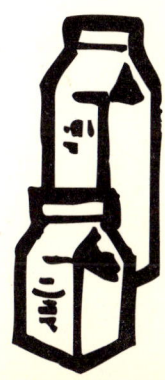

Pfannkuchen mit Mandeln und Quarkcreme 🌾

(4 Portionen)

Man braucht für den Teig:

100 g Mehl

1 TL Backpulver

240 ml Wasser

6 EL süße Sahne

2 Eigelb

1 Prise Salz

für die Füllung:

200 g Magerquark

2 EL Honig

2 EL Sonnenblumenkerne*

Zusätzlich:

4 EL Butter

100 g Mandeln

So wird's gemacht:

1. Das Mehl mit dem Backpulver vermischen. Nach und nach Wasser, Sahne, Eigelb und die Prise Salz hinzufügen, und alle Zutaten zu einem flüssigen Teig verarbeiten. Den Teig 15 Minuten lang quellen lassen

2. In der Zwischenzeit den Quark mit dem Honig und den Sonnenblumenkernen verrühren.

3. Die Mandeln mit kochendem Wasser überbrühen, einige Zeit einweichen lassen und anschließend aus der Haut herausdrücken. Die Nüsse in feine Scheiben schneiden. 1 EL Butter in einer Pfanne erhitzen und ein Viertel der Mandelscheiben darin leicht rösten. Ein Viertel des Pfannkuchenteigs darüber geben und bei mittlerer Hitze 1–2 Minuten backen. Den Pfannkuchen wenden und nochmals 1–2 Minuten backen. Den fertigen Pfannkuchen im Ofen bei 50 Grad warm halten. Die drei weiteren Küchlein auf die gleiche Weise braten.

4. Die Pfannkuchen mit der Quarkcreme bestreichen, zusammenrollen und sofort servieren.

🕐 **Mittagessen, Abendessen**

Geeister Bananensahnejoghurt

(4 Portionen)

Man braucht:

2 reife Bananen

2 TL Zimt & Zucker

400 g Naturjoghurt (3,5 % Fett)

4 EL Sahne

So wird's gemacht:

1. Die Bananen mit Zimt & Zucker pürieren und den Joghurt unterrühren.
2. Die Sahne schlagen und vorsichtig unter den Bananenjoghurt heben.
3. Den Bananenschaum etwa 1 Stunde im Gefrierfach eisen lassen und mit etwas Zimt bestreut servieren.

Sahneeis mit Heidelbeeren

(4 Portionen)

Man braucht:

125 g süße Sahne

125 ml Wasser

3 EL würziger Honig

2 Eigelb

50 g Rosinen

200 g Heidelbeeren

So wird's gemacht:

1. Die Sahne mit dem Wasser und dem Honig gut verrühren. Die Eigelb in einer Schüssel cremig schlagen, die Sahnemischung unterziehen und alles mit dem Schneebesen gut aufschlagen. Die Schüssel in ein warmes Wasserbad hängen und bei mäßiger Hitze die Masse so lange schlagen, bis eine dickliche Creme entsteht. Die Rosinen unterziehen.

2. Die Mischung im kalten Wasserbad unter Schlagen abkühlen lassen, bis sie vollkommen erkaltet ist. Die Schüssel abdecken und für 2 bis 3 Stunden ins Gefrierfach stellen. Das Eis zwischendurch öfters umrühren.

3. Die Heidelbeeren verlesen, waschen und zu dem Eis servieren.

Himbeersorbet

(4 Portionen)

Man braucht:

400 g frische Himbeeren

350 g Naturjoghurt (3,5 % Fett)

2 TL Zitronensaft

Zucker

So wird's gemacht:

1. Die Himbeeren mit dem Schneidstab pürieren. Zum Garnieren einige Himbeeren zurückbehalten. Den Joghurt mit Zitronensaft und Zucker nach Belieben verrühren und mit dem Himbeerpüree mischen.

2. Das Püree in eine verschließbare Schüssel füllen und 2–3 Stunden im Gefrierfach kühlen. Während des Kühlens das Sorbet immer wieder umrühren.

3. Das Himbeersorbet in Dessertschüsselchen füllen und mit den Himbeeren garnieren.

Coppa Banana 🌾

(4 Portionen)

Man braucht:

2 reife Bananen

150 ml süße Sahne

150 ml Wasser

Zucker

1 Vanilleschote*

2 TL gehackte Mandeln

So wird's gemacht:

1. Die Bananen schälen, das Fruchtfleisch etwas zerkleinern und in ein hohes Gefäß geben. 100 ml Sahne, Wasser und Zucker nach Geschmack dazugeben. Die Vanilleschote einritzen, mit einem spitzen Messer das Mark herauskratzen und zu den anderen Zutaten geben. Mit einem Schneidstab pürieren.

2. Das Bananenpüree in eine Schüssel mit verschließbarem Deckel füllen und zugedeckt für 2–3 Stunden ins Gefrierfach stellen. Zwischendurch die Bananensahne umrühren.

3. Die Mandeln mit kochendem Wasser überbrühen, einige Zeit einweichen lassen und anschließend aus der Haut herausdrücken. Die Nüsse hacken.

4. Die restliche Sahne steif schlagen.

5. Das Eis in hohe Gläser füllen, je einen Klecks geschlagene Sahne darauf setzen und gehackte Mandeln darüber streuen.

Obstsalat

(4 Portionen)

Man braucht:

2 EL Rosinen

1 Spritzer Doppelkorn

1 Netz- oder Honigmelone

1 große Orange

250 g Saisonfrüchte (z. B. Pfirsiche, Aprikosen, Äpfel, Birnen etc.)

1 EL Zitronensaft

Zucker

So wird's gemacht:

1. Die Rosinen mit dem Doppelkorn beträufeln und 2 Stunden lang ziehen lassen.

2. Die Melone halbieren, die Kerne herauslöffeln und mit einem Teelöffel kugelförmig das Fruchtfleisch herauslösen.

3. Die Orange filetieren und dabei den Saft auffangen.

4. Die Früchte der Saison waschen, klein schneiden und mit Zitronensaft beträufeln.

5. Die Orangenfilets und die Melonenkugeln mischen und die vorbereiteten Saisonfrüchte dazugeben.

6. Zucker nach Belieben mit dem aufgefangenen Orangensaft verrühren und vorsichtig mit den Rosinen unter den Obstsalat heben.

Grießnockerln mit Apfelmus 🌾

(4 Portionen)

Man braucht für die Klößchen:

40 g Mandeln

200 ml Wasser

4 EL süße Sahne

120 g Grieß

1 Eigelb

1 EL Honig

1 l Wasser

Prise Salz

für das Kompott:

5 mürbe, mehlige Äpfel

150 ml Wasser

1 TL Zimt

1 EL Honig

So wird's gemacht:

1. Die Mandeln mit kochendem Wasser überbrühen, einige Zeit einweichen lassen und anschließend aus der Haut herausdrücken. Die Nüsse in feine Scheiben schneiden. In einer Pfanne ohne Fett die Mandelblättchen goldbraun rösten.

2. Das Wasser und die Sahne in die Pfanne gießen und aufkochen lassen. Den Grieß hineinrühren und bei geringer Hitze unter Rühren so lang ausquellen lassen, bis die Masse fest und formbar ist.

3. Den Grieß einige Zeit abkühlen lassen, dann das Eigelb und den Honig unterrühren. 1 l Wasser mit einer Prise Salz zum Kochen bringen. Mit 2 Teelöffeln aus der Grießmasse kleine Klößchen stechen und diese im köchelnden Wasser so lange ziehen lassen, bis sie gar sind und an die Oberfläche aufsteigen. Die Klößchen mit einer Schaumkelle herausnehmen.

4. Für das Kompott die Äpfel schälen, vierteln und die Kerngehäuse entfernen. Die Apfelviertel in kleinere Stücke schneiden und mit dem Wasser in einem Topf zum Kochen bringen. In 10 Minuten bei geringer Hitze weich kochen. Mit dem Schneidstab die Äpfel pürieren. Das Apfelmus etwas abkühlen lassen, Zimt und Honig unterrühren.

5. Das Apfelmus zu den Grießnockerln servieren.

Heidelbeerdrink
(4 Portionen)

Man braucht:

2 Eiswürfel

300 g Buttermilch

100 Heidelbeeeren

Zucker

So wird's gemacht:
1. Die Eiswürfel zerstoßen und mit der Buttermilch und den Heidelbeeren in einer Küchenmaschine oder mit dem Schneidstab mixen.
2. Den Drink nach Belieben süßen und in hohen Gläsern servieren.

REGISTER

FRÜHSTÜCK, ABENDBROT ODER ZWISCHENDURCH

Apfel-Sellerie-Joghurt mit Walnüssen ◐ 26

Aprikosencarpaccio mit Sahnehäubchen ⊜ 23

Bananen-Honig-Shake 🌾 28

Birnen-Möhren-Sahnejoghurt ◐ 24

Eisbergsalat mit Zucchini und Honigmelone ◐ 27

Fenchel-Mango-Salat ◐ 25

Heidelbeer-Haferflocken 🌾 26

Honigjoghurt mit Minze
und gerösteten Nüssen 🌾 22

Möhrenfrischkäse mit Haselnussblättchen 🌾 23

Orangen-Kiwi-Sahnequark ◐ 28

Petersilien-Kohlrabi-Quark 🌾 24

Rettich-Möhren-Rohkost ⊜ 22

Tomaten mit Schafskäsefüllung ⊜ 21

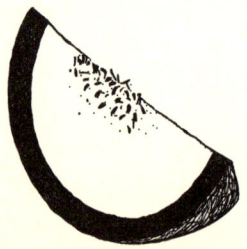

Vorspeisen

Suppen

Bouillon mit Kohlrabi und Hackbällchen ◖	40
Fischsuppe mit Champignons ◖	42
Flädlesuppe ⚕	35
Gemüsesuppe auf italienische Art ⚕	32
Gemüsesuppe mit Käse-Sahne-Klößchen ⚕	33
Kartoffel-Gemüse-Suppe ⚕	31
Lauchcremesuppe ⚕	30
Sauerkrautsuppe, bunte ◖	37
Sauerkrautsuppe, herzhafte, mit Speck-croûtons und Cabanossi ◖	41
Selleriecremesuppe ⊖	38
Tomatensuppe, pikante ◖	36
Zucchinicremesuppe ⚕	39

Salate

Blattsalat mit bunter Rohkost ⊖	43
Bohnensalat, lauwarmer ⊖	44
Champignons, gebratene, auf Feldsalat ⊖	45
Chicorée-Fenchel-Salat mit Orangensauce ◖	46
Eisbergsalat, süßsaurer ◖	47
Kartoffelsalat, herzhafter ⚕	51

Mais in Petersilienbutter auf Blattsalat ⊖	50
Möhrensalat, fruchtiger, mit Honigmelone ◖	52
Röschensalat, weißer ⊖	53
Tomaten-Paprika-Salat mit Käsewürfeln ⊖	49
Zucchinisalat ◖	48

Hauptmahlzeiten

Gemüsespeisen

Auberginen, gefüllte ◖	71
Blumenkohl, überbackener, mit Spinat und Tomaten ◖	57
Champignon-Kartoffel-Gratin 🌾	58
Champignons, gefüllte, mit Speck, Paprika und Kräutern ◖	59
Gemüse-Ratatouille ◖	68
Gemüseschmortopf mit geschmolzenem Käse ◖	70
Grillkartoffeln mit Dipp 🌾	64
Kartoffelscheiben, knusprige, mit gebuttertem Rosenkohl 🌾	55
Kohlrabi, gefüllte, mit Möhrensauce ◖	61
Lauch im Schinkenmantel ◖	62
Ofenkartoffeln, würzige, mit Tsatsiki 🌾	67
Pilze in Knoblauchbutter ⊜	66
Tomaten, gefüllte, mit Ei und Gurke ◖	60
Zucchini mit Knoblauchsauce 🌾	63
Zucchini-Champignon-Pfanne mit Kräutern ⊜	56

Fleischgerichte

Hackbällchen mit Gemüse ◖	72
Hackfleischterrine mit Spinat ◖	75
Hähnchen, geschmortes, mit buntem Paprikagemüse ◖	76
Hühnerfrikassee ◖	78
Lammfleisch mit grünen Bohnen ◖	80
Lammtopf mit Roten Beeten und Pfifferlingen ◖	77
Paprikagulasch, ungarischer ◖	74

Fischgerichte

Fischpfanne ◖	83
Fischsuppe ◖	86
Gemüseallerlei mit Seelachs ◖	84
Kabeljaufilets, marinierte, mit Paprikasalat ◖	81
Lachsfilets mit Kohlgemüse ◖	85
Riesengarnelen, gebackene, an Feldsalat ◖	87
Seelachsfilets in Orangen-Sahne-Sauce ◖	82

NUDELGERICHTE

Bandnudeln mit Sahnechampignons 88
Brokkoli-Nudel-Auflauf 92
Butternudeln mit Speck und Parmesan 94
Rigatoni mit Auberginen-Paprika-Ragout 89
Spaghetti in Knoblauchkräuteröl
   mit frischen Tomaten 93
Spaghetti mit Pfifferlingen in Sahnesauce 95
Spaghetti mit Tomaten-Paprika-Püree 91
Spätzle mit buntem Sahnegemüse 90

REISGERICHTE

Champignonrisotto 103
Curry-Bananen-Reis mit Chicorée 102
Kräuterreis mit Käse 98
Reisauflauf mit Gemüse 97
Reis-Brokkoli-Auflauf 100
Reispfanne 96
Zucchini mit Gemüse-Reis-Füllung 99

GEBACKENES

Gemüsepizza 104
Heidelbeertarte 109
Käsegebäck, herzhaftes 108
Lauchtarte 106
Teigtaschen, gefüllte, mit Feta 107
Zwiebelkuchen mit Speck 110

Süßspeisen

Bananensahnejoghurt, geeister 🌾   115

Coppa Banana 🌾   118

Grießnockerln mit Apfelmus 🌾   120

Heidelbeerdrink ◐   121

Himbeersorbet ◐   117

Obstsalat ◐   119

Pfannkuchen mit Mandeln und Quarkcreme 🌾   114

Sahneeis mit Heidelbeeren ◐   116

Sahnereis mit Nüssen in Honigbutter 🌾   113